侨界杰出人物故事丛书

陈嘉庚的故事

李成逊　陈　晨◎编著

中国华侨出版社
·北京·

图书在版编目（CIP）数据

陈嘉庚的故事 / 李成逊，陈晨编著. — 北京：中国华侨出版社，2020.1
ISBN 978-7-5113-8059-3

Ⅰ.①陈… Ⅱ.①李… ②陈… Ⅲ.①陈嘉庚（1874-1961）—传记
Ⅳ.①K827=7

中国版本图书馆CIP数据核字（2019）第 227488 号

●陈嘉庚的故事

编　　著	/ 李成逊　陈　晨
责任编辑	/ 王　委
封面设计	/ 何洁薇
经　　销	/ 新华书店
开　　本	/ 710毫米×1000毫米　　1/16　　印张/12.25　　字数/161千字
印　　刷	/ 北京溢漾印刷有限公司
版　　次	/ 2020年7月第1版　2020年7月第1次印刷
书　　号	/ ISBN 978-7-5113-8059-3
定　　价	/ 48.00元

中国华侨出版社　　北京市朝阳区西坝河东里77号楼底商5号　　邮编：100028
法律顾问：陈鹰律师事务所
发 行 部：（010）64443051　　传　真：（010）64439708
网　　　址：http://www.oveaschin.com　　E-mail：oveaschin@sina.com

如发现印装质量问题，影响阅读，请与印刷厂联系调换。

目 录

第一章
1874-1903 年：
从出生到革命

1　陈嘉庚出生时的中国 / 3
2　家世与童年 / 5
3　青年出洋 / 8
4　一次返乡，重整私塾，开启教育 / 10
5　助父经营，展现商业才能 / 13
6　加入同盟会 / 17
7　捐助革命 / 19

第二章
1904-1936 年：
办实业、办教育的华侨巨子

1　黄金万两，商业巨子 / 23
2　集美初创 / 27
3　是实业家，更是教育家 / 33
4　侨者，桥也 / 36

第三章
1937-1945 年：
投身抗战

1　抗战开始与南侨总会的成立（一）/ 41
2　抗战开始与南侨总会的成立（二）/ 44
3　"敌未出国之前，言和即汉奸" / 47

4　回国行程 16 省，慰问抗战军民（一）/ 50

5　回国行程 16 省，慰问抗战军民（二）/ 54

6　延安之行（一）/ 57

7　延安之行（二）/ 59

8　保卫新加坡 / 63

9　避难爪哇 / 68

10　《南侨回忆录》/ 72

第四章

1945-1949 年：
为新中国的诞生而奋斗

1　威望空前的华侨领袖 / 77

2　"独裁贪污者必倒"（一）/ 80

3　"独裁贪污者必倒"（二）/ 83

4　《南侨日报》（一）/ 86

5　《南侨日报》（二）/ 88

6　1948 年怡和轩里的新年礼物 / 90

7　北上共商建国大计 / 92

8　新政协与开国大典 / 95

第五章

1950-1961 年：
落叶归根，建设祖国

1　落叶归根，定居集美 / 101

2　集美解放纪念碑 / 103

3　造福乡梓 / 105

4　独立人格，拳拳报国 / 107

5　异常简朴的老人 / 109

  6 浩气千古 / 111

第六章
嘉庚精神的继承者们

1 继承者一：李光前 / 115

2 继承者二：李尚大 / 121

3 继承者三：陈六使 / 123

4 继承者四：杜成国 / 128

5 继承者五：陈村牧 / 132

6 继承者六：刘玉水 / 134

第七章
缅怀陈嘉庚

1 陈嘉庚的精神力量 / 147

2 我所敬佩的陈嘉庚 / 150

3 我所认识的陈嘉庚 / 153

4 嘉庚风浩荡 / 159

附 录

1 有枝才有花 有国才有家 / 165

2 《南侨回忆录》节选 / 171

参考文献

第一章

1874-1903 年：
从出生到革命

1 陈嘉庚出生时的中国

1874年10月21日,陈嘉庚在福建东南部的同安仁德里集美社(今集美镇)出生了。这里被当地人称作"浔尾",就在当时泉州所属的同安与厦门隔海相望的半岛顶端,是一个田地不多、景色秀丽的小渔村。

自1840年鸦片战争英国人用枪炮打开了中国的大门,到陈嘉庚出生之时,清朝已经从道光年间斗转星移进入同治十三年了。随着英国人而来的诸多列强侵略,给中国本已凋敝的经济以巨大的打击,再加上清廷的腐败,内忧外患使得中国的命运在逐步沦为半殖民地半封建社会的路上越陷越深。

这一点,集美人体会深刻。

与集美一水之隔的厦门,在1842年《南京条约》中成为了"五口通商"口岸之一,外国人、外国商品进入中国,让本无法通过耕地富足生活的集美人更加贫困。

集美人对清政府也是没有太多好感。明朝末年,清军南下,在福建沿海遇到了郑成功率领的军民拼死抵抗。1648年,清军激战七天七夜,同安城破,随后清军下令屠城,杀得城内血流成河,在同安埋下了仇恨的种子。

占领同安,直到陈嘉庚诞生之时逾二百年时间中,同安地区的反清复明活动一直没有停止过。在集美的海滨山丘之处,民族英雄郑成功当年

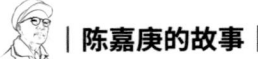 | 陈嘉庚的故事 |

的遗迹"延平故垒"一直被当地百姓保留，郑成功、林则徐、陈化成等民族英雄的故事在此处传颂，这些都引起了如陈嘉庚般的许多集美少年内心的无限仰慕和向往。他十分喜爱《三国演义》《古文精义》以及文天祥的《正气歌》等作品，其中蕴含的"天下兴亡，匹夫有责""先天下之忧而忧，后天下之乐而乐"等先贤哲理逐渐成为他毕生奉行的人生准则。就这样，中华民族的传统文化与美德在少年陈嘉庚心里深深扎下根来。

一代又一代集美人希望通过海外谋生的方式改变自己或家族的生活，这个愿望在清朝政府的禁海令下破灭，清政府甚至曾有过"片板不得下海"的律令，但只要有机会，出海的集美人还是屡禁不止。这种敢于抗衡的精神就是大海造就的。当地百姓刚烈不羁、好勇斗狠的性格与此有莫大的关系。

陈嘉庚就是在这样的环境下出生并度过了自己的童年生活。

2 家世与童年

集美是陈嘉庚所在的陈氏家族聚集地，在这里定居的历史可追溯到唐朝末年。根据族谱记载，陈氏家族祖籍为河南光州固始。在这一带，许多陈家的门楣上都有"颍川衍派"字样，也流传着这里生活的人当年都是追随王审知从河南迁居福建的说法。

陈嘉庚的祖辈曾被迫出海谋生，家族的许多长辈在新加坡等地定居，父亲也是如此。陈嘉庚的父亲陈杞柏，1840年前后生人，是家里的第三子。在家乡度过了自己的少年时期后，陈杞柏就随兄长来到新加坡谋生。在新加坡，陈杞柏办起了顺安米号，由于经营有方，获利颇丰，他便兼营地产，并开始经营菠萝种植园，开设菠萝罐头厂，出口欧美，十分畅销。

父亲陈杞柏因经商原因很少回乡，陈嘉庚与他的兄弟陈敬贤便自小由陈杞柏在集美娶的妻子孙氏照顾，因此陈嘉庚的幼年时期很少得到父爱，这难免成为成长中的阴影。陈嘉庚为人父后，与自己的子女交流也很少，并且管教严格，这多少与童年缺少父爱的经历有关系。

陈嘉庚在回忆录中，曾忆童年道："余天资素钝，九岁入私塾，十七岁夏塾师谢世，辍学出洋……而生平志趣，自廿岁时，对乡党祠堂私塾及社会义务诸事，颇具热心，出乎生性之自然，绝非被动勉强者。"[1]从这段话中可以看出来，陈嘉庚没有在集美家乡完成完整的私塾学业，但他形成了

---

[1] 陈嘉庚，《南侨回忆录》（弁言），中国华侨出版社，2014。

关心、热心家族和社会事物的处事方法和性格特点。陈嘉庚究竟有着怎样的童年呢？

由于父亲出洋做生意，陈嘉庚自幼与母亲相依为命，由母亲一手抚养长大。母亲是一位具有中华传统美德的贤惠妇女，乐善好施，笃信佛教，她对陈嘉庚既疼爱又管教严格。除了自己的孩子，她一生还收养了6个孩子，在村民中享有盛誉。她还曾经拿出全部家当400银元抚恤乡民，平息了一场建屋械斗。

在集美这个海滨的小渔村，人们通常以农耕、捕鱼为生。乡民非常淳朴，在教育上只要求能把孩子关在学堂，俗称"关蛮"，不到处惹是生非，毕业后能写一些农村应用文即可。同时，他们更希望学堂不时放假，让孩子能参加劳动，以补家计。世代都是如此，便约定俗成，形成了授课一个月、休假半月或一月的惯例。这样，一年的功课往往会拖到两三年才能学完。

陈家相对来说比较富裕，能够负担得起两个孩子的私塾学习。陈嘉庚9岁时进入私塾读书，塾师名叫陈寅，教授《三字经》和"四书"。陈嘉庚晚年回忆道："旧例塾师来一月余，即回家一月或半月，所读《三字经》及'四书'等，文字既深，塾师又不解说，数年间绝不知其意义，俗语所谓'念书歌'是也。"[①] 由此可见这位陈寅老师照本宣科，孩子们鹦鹉学舌，只知音，不知义。陈嘉庚10岁时，他的伯父陈缨忠从南洋返回家乡办家塾，聘请的塾师龙某也只教背诵，不作讲解。这让陈嘉庚在多年的学习过程中认字非常少。到了14岁时，塾师换成了陈令闻，他授课中会对所学知识详加解说，陈嘉庚读书才开始有了一知半解。这段读书的经历令陈嘉庚深

---

① 陈嘉庚，《南侨回忆录》，《未成人经过》，中国华侨出版社，2014。

受儒家思想影响。

上课之余，他常与小伙伴们背个鱼篓，一起到海边抓虾、捡螺、拾贝，还会帮助母亲田间种地，养成了热爱劳动、勤奋实干、刻苦耐劳、不畏艰险的性格，并且对家乡、对人民怀有深深的感情。

陈嘉庚10岁时，法国远东舰队6艘战舰入侵马尾港，8月23日与南洋水师交战，仅用1小时时间炸沉南洋水师军舰11艘、商船19艘。当时福建地区大旱，瘟疫流行，乡里人死亡无数。陈嘉庚亲族30余户100余人，只有一半人在此浩劫中得以存活。这是陈嘉庚第一次目睹民族的危机与家乡、家族的浩劫，他的爱国爱家之情和疾恶好善之心油然而生。

陈嘉庚17岁时，一封来自新加坡的信改变了他的命运。

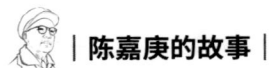 | 陈嘉庚的故事 |

3
青年出洋

1890年夏天，陈嘉庚就读的私塾塾师突然病逝，他不得已辍学在家。恰在此时他接到了父亲的来信，希望他去新加坡。陈嘉庚听到这个消息兴奋不已，可是母亲却因为他的即将离开而过度忧伤，最终病倒了。陈嘉庚自小被母亲抚养长大，他非常孝顺，决定推迟行期，待母亲身体有所好转再筹划出洋。

母亲身体好转后，陈嘉庚漂洋过海来到新加坡。当时的新加坡总人口的三分之二都是华人，因此新加坡的开发和发展，主要依靠华人。在这里的华人大多具有发奋图强、拼搏创业的精神，其中又以福建人最为突出：他们不仅拥有较强的经济实力，还具有相当好的社会影响力，并且大多数人都热心社会福利事业，新加坡大量的公共福利事业都是福建人，特别是闽南人捐钱创办的。

陈嘉庚的父亲陈杞柏自19世纪70年代赴南洋谋生，经过了20多年的不懈奋斗，至19世纪90年代，他经营的企业已经有一定规模。例如他开设的米业已经拥有顺安等多家米店，经营大米批发和零售业务。他开办的菠萝罐头等工厂，一些产品远销欧美各国；他还经营一家硕莪粉磨厂，生产硕莪粉外销；同时还兼营房地产业等。随着工商业的成功和发展，陈杞柏在华侨群体里的社会地位日益提高，成为福建帮的领袖之一。

到达新加坡的陈嘉庚，被父亲安排在顺安米号学习商业活动和经营管理。当时父亲开设的顺安米号主要向暹罗（今泰国）、安南（今越南）、缅甸等地采购大米，然后卖给新加坡的零售米店及外销商行。当时陈杞柏并不直接管理米号的业务，而是委托给了陈嘉庚的族叔经理，兼管财政。陈嘉庚的到来使得族叔有了得力帮手，他一边学习经营，熟悉各项业务，一边兼当记账员，协助族叔管理银钱货账。陈嘉庚的商业传奇人生就此开始了。

由于陈嘉庚有进取心，勤奋扎实，还喜欢动脑，工作表现出色，深受父亲器重。两年后，因族叔回国，父亲将米业和财务均交给陈嘉庚料理。在他的辅佐下，父亲又创办了"日新"菠萝罐头厂等新实业，获得了很大的利润，生意蒸蒸日上。

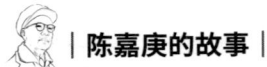
| 陈嘉庚的故事 |

4
一次返乡，重整私塾，开启教育

1893年秋天，陈嘉庚奉父命回到集美，与板桥乡浒井社的秀才张建壬之女张宝果完婚。张建壬是一个学问渊博但无意仕途，在乡里设馆教学、传文播道的学者。他的女儿张宝果耳濡目染，也便有了一些书香之气。婚后陈嘉庚小两口恩恩爱爱，日子倒也过得惬意。

在这次回家时，陈嘉庚见到了自己5岁的弟弟陈敬贤。陈嘉庚16岁时，母亲才生了敬贤，他聪明、淘气、顽皮，总是成天和社里大大小小的孩童玩耍，甚至斗殴。有时仅仅是一顿饭的工夫，敬贤就哭着跑回来，衣服破了，头上也多了一个包。母亲看在眼里，泪在心中。陈嘉庚对弟弟又爱又怜，又气又恨，气的是他野蛮无知，恨的是他孽性难改。有时见母亲因陈敬贤的过错给其他找上门来的乡亲赔不是、赔钱、送东西，陈嘉庚也是憋了一肚子火，有一次气不打一处来，一把抓起小敬贤，顺手操起一根绳子，冲出大门，把小敬贤绑在树上一阵抽打。晚上，小敬贤已然入睡，可陈嘉庚却辗转反侧，难以入眠。

在家乡集美的这段时间里，儿童失学的情况令陈嘉庚非常关切。他曾经回忆说："当时，政府腐败，国弱民贫，教育颓废，不可言状。乡村十余岁之儿童，因失学而结队成群，裸体游戏，那种情况，近则败坏风俗，远则贻误民族前途。每念及此，乃默许自己如力之能及，当以竭力兴学，以尽国民天职。"①他从切身体会和对国外文化的了解，深感在祖国和家乡兴办教育的重要性，筹资办学的念头在他的心头默默萌发了，受闽南文化的浸润、华侨热心家乡公益实业的传统风俗的影响，特别是早年所受教育的潜移默化，孕育了陈嘉庚"兴学"的思想基础。

1894年，是陈嘉庚回到家乡的第二年，这一年，陈嘉庚看到了一本叫作《盛世危言》的书，这是由曾在太古轮船公司担任过买办，在海外华侨中颇有影响的郑观应所著。在书中郑观应毫不讳言地说当时中国社会的许多方面均落后于西方，提出从政治、经济、教育、舆论、司法等诸多方面对中国社会进行改造的方案。这让当时年轻的陈嘉庚对时局愈发关心，对民族的危亡深具忧思。

1894年的除夕，陈嘉庚的儿子厥福满月了。想想自己很快又要去南洋了，这一去不知何年何月才能回来，他想到了儿子未来的教育问题，想到了村里的学塾早就停办了，就连自己回到家乡后想去温习"四书五经"都得到邻村去，陈嘉庚决定用这几年挣的钱办个学塾。他把这个想法告诉了自己的妻子张宝果，妻子知书达理，对丈夫的举动很是支持，只是对捐尽积蓄感到忧虑。"用掉怕什么，"陈嘉庚柔声劝慰说，"钱财是流动的，有来有去，有去有来，好比掘井得泉，今日用明日则依然流满。"母亲孙氏是个大善人，烧香拜佛，乐善好施，自然也是很赞成。

于是，一所名叫"惕斋学塾"的私塾建立起来了。

在惕斋学塾里有一副对联："惕厉其躬，谦冲其度，斋庄有敬，宽裕有容；春发其华，秋结其实，行先乎孝，艺裕乎文。"②这副对联中"惕厉"

---

① 芦茂材，《辛苦得来 慷慨捐出——陈嘉庚倾资兴学略述》，福建党史月刊，1988。
② 邬大光，《文化传承中的厦门大学典故》，厦门大学学报（哲学社会科学版），2018。

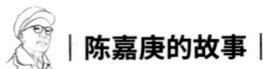 | 陈嘉庚的故事 |

二字语出《周易·乾》:"君子终日乾乾,夕惕若厉。"比喻人初得重用,不仅要整天自强不息,发奋有为,而且要小心谨慎。"谦冲"也出自《周易·谦》:"谦谦君子,卑以自牧也。"

学塾的开办,使失学的集美儿童有了读书识字的条件,上学的孩童中就有天真稚气的陈敬贤。

陈嘉庚从9岁上私塾,到兴办惕斋学塾,从背诵《三字经》《千字文》《四书》等儒家经典,受较为系统的中国传统文化教育,到今日为家乡儿童创办学塾实践"教育为立国之本,兴学乃国民天职"的个人办学理念,是陈嘉庚关心教育、兴办教育的开始。他创办的诸多学校,日后造就了大量的革命和建设人才,对振兴中华民族做出了巨大的贡献。

1874-1903年：从出生到革命 | 第一章 |

5
助父经营，展现商业才能

1895年夏天，陈嘉庚第二次出洋到新加坡，他仍在顺安米号操持。由于他公忠守职，为父亲增殖财富尽心竭力。至1897年，陈杞柏所营各业利路畅通，地皮及房屋价值日渐增高，每月可收房屋租金2000余元。硕莪粉磨厂在转手卖给别人后，在柔佛新建黄梨罐头厂一所，并经营数个黄梨园，面积达数百英亩。顺安米号的规模也比以前扩大了。

就在同一年，陈嘉庚得到了在集美家乡的母亲去世的消息，十分悲痛。但当时父亲以生意无人代替打理为理由，不许陈嘉庚回去奔丧。1898年回国后，发现因家乡风俗及族中长辈迷信，竟将母亲的灵柩安置家中，一直没有入土，这让孝顺的陈嘉庚内心一直不安。1900年，终于盼到了入土为安的吉日，陈嘉庚向父亲请假，放下顺安米号的生意，携眷回集美按照家乡的礼俗安葬母亲。

陈嘉庚决定按照儒家的礼俗，为母亲守孝三年。在这三年中，陈嘉庚也想为自己的家乡做一些事情。

自鸦片战争后，与集美一水之隔的厦门已成为"五口通商"的城市之一，许多华侨纷纷在这里投资，没有多长时间，鼓浪屿一带的环岛路已有繁荣景象。陈嘉庚看到了其中的商机，在父亲的允许下，决定以45000元，向厦门官府购买海口新填地块，拟建设十几间店面出租。

但是好事多磨，由于地块所有权与一位台湾商人发生了争议，台商仗

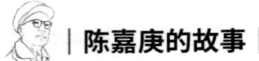 陈嘉庚的故事

着日本人的势力，与陈嘉庚打了将近一年的官司。第二年，兴建的店面终于完工，一共三层楼屋54座，二层楼屋3座，共57座店屋。陈嘉庚为了表示对父亲的尊重，也为了这个大家庭的和睦，将这些店屋的产权全部都登记在父亲在南洋续娶的妻子苏氏所带来的养子名下。这件事是陈嘉庚在家乡做的最后一件事，做完后，他心安理得地再次离开家乡，登上了去往南洋的客轮。

7月，陈嘉庚再次来到新加坡。一进顺安号，发现门庭景象与往日气氛大有不同，死气沉沉。店铺内的大小事务仿佛无人打理。带着疑虑，陈嘉庚上楼拜见父亲。虽然很久没有相见，父亲却闷闷不乐，没有久别重逢的快乐。而族叔得了麻木症，神情沮丧。陈嘉庚问起经营情况，两人均推脱不知。后来才知道，原因除了父亲疏于管理、族叔身染麻木症，最主要的原因是被苏氏（嗜赌成性）及其螟子（养子）舞弊、侵吞、挥霍10余万元，造成资金周转不灵。此外，合作经营的几家商号，也冒用顺安号名义任意占用资金，因此向印度"齐智"（指东南亚地区的印度高利贷商人）借高利贷付重利，又遭屋地业大降价。可谓祸不单行。顺安号每天都会有债主来纠缠，已经走投无路。

陈嘉庚连夜挑灯翻看账本，一个晚上下来，已经弄清了来往账目情形。陈嘉庚仔细核对以后，将欠款与可变卖典押的房产相抵，发现负债比族叔说的还要严重，实际已达25万元。

面对巨额债务，父亲长吁短叹，精神已经被压垮。陈嘉庚决心挑起这副沉重的担子，一方面由于"父债子还"在中国人心中是根深蒂固的观念；另一方面更重要的是，陈嘉庚不愿看到父亲几十年奋斗开创的实业就这样毁于一旦。面对印度高利贷商人将陈家告上法庭，陈嘉庚替父亲出庭

应诉。他一方面承认债务，另一方面恳请法院酌情减免顺安号的部分债务。陈嘉庚告诉父亲，现在唯一的办法就是让顺安号关门清盘，再努力设法偿还债务。

陈嘉庚还主动与债主们谈判，表示债务将由他来偿还。在将一些高利贷偿还之后，陈嘉庚迎来了自己人生中至关重要的1904年——他用平时省吃俭用的7000多元钱开始创业，商业才能开始崭露头角。

他从自己熟悉的菠萝罐头加工厂入手，在城郊三巴旺买了块地，办起了一个简陋的菠萝罐头厂，厂里所有的机器都是别人用过的二手货。陈嘉庚希望从此有个新气象，于是给他的新工厂起名为"新利川"。

陈嘉庚是非常幸运的，但他的幸运是建立在信誉之上的。在顺安号破产前，父亲就乐善好施，也有良好的商业信誉。如今的陈嘉庚愿意帮助父亲采用重新创业的方式还清欠款，这让许多华洋商行刮目相看，愿意让他赊账经营。新利川创办不久，当年父亲创办的日新菠萝罐头厂的一位大股东去世，将股权转让给了陈嘉庚。

在办菠萝罐头厂的过程中，陈嘉庚发现新加坡当时有20多家菠萝罐头厂，竞争十分激烈，获利也不多。欧洲市场非常青睐新加坡产的菠萝罐头，可是绝大部分的菠萝罐头厂商对一些欧洲客户提出的特殊要求却不愿意改进，这让陈嘉庚发现了商机。他首先和经营菠萝生意的洋行搞好关系，然后接下了所有对于包装、形状和甜度有特殊要求的订单。每天上班第一件事，陈嘉庚就去洋行询问有没有新的订货电报，了解他们的需求，不断按他们的要求改善品质。他同时非常重视产品品质，每天都在工厂待很长时间，仔细察看每一道生产工序。就在此时，他发现了这个行业一个特殊之处：菠萝卖给洋行马上就可以拿到现钱，但生产罐头所需的马口

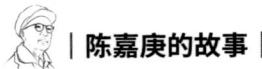 | 陈嘉庚的故事 |

铁、白糖等从进货到还款却有四五十天的期限。其他的菠萝工厂采用季度的算法，往往一季度或几个月后才开始结款。陈嘉庚便开始利用出售菠萝罐头所得的款项不断扩大生产规模，迅速在 20 多家菠萝罐头厂商中脱颖而出，成为经营最成功、获利最多的一家。

陈嘉庚预测欧洲市场对菠萝罐头的需求还会进一步增加，而菠萝原料供应将日趋紧张，他果断出手买下 3000 多亩适宜种菠萝的土地，命名为"福山园"，希望日后能够给他带来好运。

1904 年，陈嘉庚从两间工厂获利 39000 元，加上收回的一些呆坏账，陈嘉庚拥有了 7 万元左右的资本。他还在父亲曾经的顺安号原地址创办了名为"谦益"的米行，继续父亲的粮食生意，充分显示了陈嘉庚身上那种闽南人不服输的性格。

1907 年，34 岁的陈嘉庚终于替父亲的顺安号还清了所有债务。

6 加入同盟会

崭露头角的商业奇才陈嘉庚不会想到,他即将与一位影响中国的重要历史人物在悄无声息中相遇,他的商业版图与祖国命运将紧密联系起来了。而他也将成为一位独一无二的华侨领袖。

1905年8月20日,兴中会、华兴会与光复会在孙中山的领导下于日本东京宣告合并,成立中国同盟会。中国历史上第一个资产阶级性质的革命政党成立了。在这次会议上,同盟会决定在南洋地区建立一个支部,选址在新加坡。

1906年,孙中山从法国赴日途中经过新加坡,在晚晴园主持同盟会新加坡分会成立。当时有陈楚楠、张永福、林义顺等华侨领袖率先加入了同盟会。新加坡自此成为了孙中山在东南亚从事革命活动的一个中心。

年轻的陈嘉庚在当时的"潮州帮"领袖林义顺引见下,于1909年认识了孙中山先生。陈嘉庚受邀参加了孙中山主持的一次同盟会秘密聚会,为孙中山的深刻见解所折服。

在此后不久的一个晚上,陈嘉庚参加了同盟会在晚晴园的又一次秘密集会,见证了历史性的一刻。

当晚与会代表讨论的中心内容,是有关中国同盟会的党旗设计,这个议题引起了同盟会诸同仁的激烈争论。大家对于青天白日图案几乎无分歧和意见,但是对于是否选用"满地红"作为底色却颇有争议。

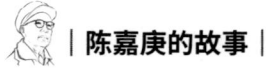 | 陈嘉庚的故事 |

　　正在大家争论不休的时候，侍者进来为大家送水，水杯放在孙中山面前时，一滴朱砂汁正巧从他的毛笔尖上落入杯中，杯中之水立时泛起一片鲜红。中山先生端起水杯说道："红乃幸运之色。"随即将杯中水一饮而尽，也算为党旗设计的争论画上了句号。"青天白日满地红"成为了同盟会的革命旗帜，之后又成为中华民国国旗。

　　在成长过程中，他见证了鸦片战争后厦门成为了中国最早的"五口通商"城市之一，而清王朝在面对列强之时却毫无反抗之力，签订了一个个丧权辱国、割地赔款的不平等条约；他听闻了发生在福建马尾的中法马江之战，又是因为朝廷腐败无能，令本处于优势的福建水师遭法军重创；他听闻了甲午战争中清朝水陆两军皆惨败以及《马关条约》将台湾及其附属岛屿割让，痛呼道："吾闽断其左臂矣！"；他目睹耳闻了戊戌变法的失败和八国联军对北京的入侵，这让陈嘉庚已经对清政府不抱有任何幻想。

　　1910年，大清宣统二年春天，陈嘉庚与弟弟陈敬贤决定剪去发辫，在新加坡晚晴园宣誓加入中国同盟会。他在《南侨回忆录》中写道："余年三十七岁，即民国光复前一年春，剪去辫发，与满清脱离关系。"他决心支持推翻封建专制的清朝政府的革命斗争。

　　陈嘉庚加入同盟会时，对天发誓：

　　"驱除鞑虏，恢复中华，创立民国，平均地权。矢信矢忠，有始有卒。有渝此盟，任众处罚。"

· 18 ·

7
捐助革命

1911年，武昌起义的消息传到新加坡，华人一片欢呼。闽籍同盟会会员在天福宫集会庆祝，并决定成立"福建保安捐款委员会"，陈嘉庚被推为会长。会后，陈嘉庚主动打电报给老朋友黄乃棠询问闽省是否光复。黄乃棠迅即回电："全省光复，都督孙道仁，需款急，请速汇。"

陈嘉庚当即向光复后的福建革命政府汇款两万元，在不到一个月的时间里，陆续汇款20万元，不仅解决了福建革命政府的燃眉之急，也极大鼓舞了福建省民众的士气。

武昌起义成功后，孙中山从欧洲取道新加坡准备回国，陈嘉庚资助一万元给孙中山做路费。临行前，孙中山又向陈嘉庚先生提出，回国后如需款项可否提供帮助，陈嘉庚亦欣然应允。

孙中山回国后，被推举为临时大总统。拟往南京赴任前，来电请陈嘉庚给予经济上的帮助，陈嘉庚立即汇寄5万元。这笔捐款，是孙中山回国就任临时大总统前数额最大的一笔个人捐款。

辛亥革命推翻封建专制的清朝政府，使中国人民见到了光明，也让陈嘉庚的思想境界有了一个飞跃。原来，他是一个热爱家乡的人，有强烈的民族意识和深厚的乡土情感，但爱国观念并不强烈。他自己曾说过："民国未光复之前，尚不明爱国真理。"[1] 辛亥革命后，他的政治视线从一乡一族

---

[1] 郭梁，《陈嘉庚的人生价值观》，厦门大学学报（哲学社会科学版），1994。

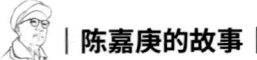 陈嘉庚的故事

一社,转向全国各省,把自己的命运同祖国的命运联系在一起,希望祖国走向独立、民主、自由、富强。

南京国民政府成立后,许多帮助孙中山从事革命活动的人士纷纷从海外回国,其中有些人还担任了各级政府要职。这时也有人劝说陈嘉庚到南京找孙中山,说必获其重用。陈嘉庚不为所动。因为陈嘉庚务实谦逊,他认为自己非政治家,自谦"乃一庸愚侨商""愧无其他才能参加政务或其他公共事业",他认为民国第一要务是教育,如何办好教育,开启民智,这才是大事。于是决心"尽国民一分子之天职",回家乡办教育,为促进社会进步,实实在在做一点事情。

民国建立并非万事大吉,南北纷争,军阀混战,种种乱局也让陈嘉庚忧心忡忡。他尤其不能容忍清朝的长袍马褂被穿到了民国。自从剪掉长辫、宣布与清朝彻底决裂那时起,他就再也没有穿过清朝的服装。

陈嘉庚曾说:"满清灭亡我中国,为我祖先深仇大敌,将我祖制全发剃作辫发,服装亦为长衣马褂,此者皆为满清胡人制度,绝非我中华民族自来所固有。民国光复后辫发裁去,不恢复全发之古制,而与世界各国同属短发,诚属妥善。唯满制长衣马褂,则仍保留不改,甚至认其为通常礼服,当局之气馁妄从,违背革命真理,保持亡国风气,其弊何可胜言!"[①]

到1938年,陈嘉庚在发出那个"最伟大的提案"时,仍不忘记再次疾呼:"长衣马褂限期废除,以振我民族雄武精神!"[②]

---

① 陈嘉庚,《南侨回忆录》,《清衣冠之遗留》,中国华侨出版社,2014。
② 肖用,《陈嘉庚在国民参政会上的电报提案》,文史精华,1996。

第二章

1904-1936 年：办实业、办教育的华侨巨子

1 黄金万两，商业巨子

1907年，34岁的陈嘉庚替父亲的顺安号还清了所有债务，他从经商经历中，敏锐地感受到了新时代的新机遇、新挑战。他认为在新世纪到来后，仅靠菠萝和米业是远远不够的，日新月异的新技术与现代工业将成为新世纪的主导。

陈嘉庚经常阅读报刊，他知道了橡胶的作用。早在1839年，美国化学家查尔斯·固特异在一次实验中，把盛橡胶、氧化铅和硫磺的罐子扔在火炉上，硫磺和橡胶经过加热后形成了天然的胶皮，从而发明了橡胶硫化法。30多年后，英国人威克姆从亚马逊热带雨林中采集了7万多粒橡胶树种子，人类才开始第一次大规模种植橡胶树，从而使橡胶的运用成为可能。1897年，新加坡华人黄德勒又发明了连续割胶法，从而使人类利用天然橡胶成为可能。

陈嘉庚敏锐地意识到，橡胶将是这个刚刚到来的新世纪中人类社会最重要的商品之一。马来半岛的气候和土壤与橡胶原产地巴西十分接近。于是他在能够给自己带来"好运"的福山园一口气种下了18万颗橡胶树种。没有人想到，这是一位未来名满东南亚的橡胶大王的起步。

随着欧美各国汽车、造船、航空等工业的兴起，橡胶工业成为了发展迅速的朝阳产业。陈嘉庚看准商机，将橡胶园卖给了到马来半岛寻找橡胶商机的欧美商人，净赚25万元。这大大鼓舞了陈嘉庚，他立即投资在柔佛州买下了更大的山地，扩大经营。他在自己的种植园中巧妙地先种菠萝，然后套种橡胶树，这样在橡胶树没有长大开始割胶前，菠萝可以为自己的罐头厂源源不断提供原料。

1907—1908年，世界又遭遇了一波经济危机。美国破产的信贷机构超过300个，负债达3.65亿美元，大多数银行都停止支付现金，仅铁路公司就倒闭了30多家，钢铁企业一半以上停工，失业人数超过以往各次。英国、法国的钢铁、建筑、纺织等各项工业指标也都急剧下降，出口大幅减少，而这些恰恰都是陈嘉庚并未涉足的领域，对他并没有太大的影响，他的企业反而在此期间不断扩张，还将一些生意扩张到了泰国和自己的家乡。到1911年辛亥革命爆发时，陈嘉庚已经拥有8家菠萝罐头厂，分布于马来西亚、新加坡和泰国。仅新加坡的5家菠萝罐头厂，就年产80万箱，占新加坡总产量的一半以上。

第一次世界大战的爆发，让刚刚经历了经济危机的世界再次陷入混乱之中。尤其是英国和德国开战后，从东亚撤离的德国军舰在印度洋肆意攻击商船，使得新加坡通往欧洲的航线被迫中断。陈嘉庚各家工厂生产的菠萝罐头和加工的熟米都无法运出，产品大量积压，工厂不得不全部停工。那些下了订单的洋行和印度商人见状，既不肯收货又不肯退还保证金，陈嘉庚叫苦不迭："银根困苦不可言喻。市账虽可停还，任其催逼，而各厂费及工人生活，则不能置之度外，艰难维持，度日如年。"[①] 这是陈嘉庚的企业最困难的时期之一。还好到年底时，海上战事稍有缓和，船运开始逐渐恢复，积压的产品销售出去一部分。虽然所有工厂仅仅盈余45000元，但战争和海上运输的阻断也让陈嘉庚发现了新的商机。

---

① 陈嘉庚，《南侨回忆录》，《欧战发生》，中国华侨出版社，2014。

那就是拥有自己的商船在海上航行，涉足航运业，也算是实现自己的航海家梦想。

陈嘉庚先后租用了四条轮船，除了运输自己的货物，也帮助英国政府从南洋向波斯湾运输货物。年获利虽然仅仅 45 万元，但给了陈嘉庚莫大的鼓励。

1916 年，陈嘉庚斥资 30 万元买下了一艘 3000 吨级的轮船，命名为"东丰"号。这是陈嘉庚拥有的第一条商船。翌年，陈嘉庚又购买了一艘澳大利亚的客轮，命名为"谦泰"号，并将两艘商船租给了法国政府，获利颇丰。但好景不长的是，这两艘轮船先后在地中海被德国潜艇击沉，虽然获得了投保的英国保险公司高达 120 万元的赔偿，但也从此结束了陈嘉庚的航运事业。可是陈嘉庚的航海事业并没有到此为止，他后来矢志回国创办航海学校，成为中国现代航海教育的奠基人，这也算是他航海梦想的延伸。

第一次世界大战使欧洲各国的经济都遭受重创，新加坡菠萝罐头出口业、刚刚兴起的橡胶业都大受影响。当时新加坡从事橡胶业的华裔大多以破产告终，而陈嘉庚因为与美国人签订了特别商务合同，未受到大的损失。

在"一战"前后橡胶业不景气的时候，陈嘉庚逆市而动，趁机扩张橡胶园，将橡胶种植面积扩大了 1800 多亩，果断缩小了自己经营多年的菠萝罐头生产规模，除去福山园种植的菠萝，专心从事橡胶业。这为他日后成为新加坡最大的集橡胶种植、生胶加工和熟胶成品制造为一体的商人，打下了坚实的基础。当第一次世界大战结束时，陈嘉庚的企业王国粗具规模，除了传统的粮食加工业、罐头加工业、橡胶业，陈嘉庚还将业务扩展

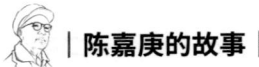

到船务、中介、机械工程、钢炉制造等方面。

1922-1923年,全球经济再一次出现大萧条,橡胶价格低迷。陈嘉庚再次出手,以很低的价格收购了马来西亚的9家橡胶厂。这些橡胶厂分布在新、马各地,他又投资为新收购的胶厂扩建厂房,添置新设备,除了生产传统胶片直接出口以外,还开始大量生产帆布胶鞋、橡胶玩具、手推车及马车轮胎、胶管等产品。陈嘉庚知道,要想赚钱,必须看准未来市场。方兴未艾的汽车工业,让他预感到汽车轮胎将会被广泛应用,他开始在自己的工厂里试制汽车轮胎。由于缺少像样的专家,生产出来的轮胎质量低劣,根本卖不出去。即使如此,他想成为汽车轮胎制造商的想法却一直没有改变。直到1929年,在陈嘉庚的儿子陈厥祥的努力下,才终于生产出包括汽车轮胎在内的各种坚固耐用的轮胎。

随着世界经济开始好转,从1924年起,陈嘉庚将公司业务扩展到了更多地方,分别在中国的上海、厦门、广州及香港,以及新、马各地开设分行20多家。

1925年,世界橡胶价格一路攀升,陈嘉庚的公司也从橡胶的生产经营中获得丰厚的利润。这一年公司获利780万元,由此名声大振,陈嘉庚成为了东南亚最成功华人企业家之一。

2
集美初创

"余热诚内向，思欲尽国民一分子之天职，愧无其他才能参加政务或公共事业，只有自量绵力，回家乡集美社创办小学校……"陈嘉庚在《南侨回忆录》中曾追忆自己创办集美小学，这是陈嘉庚创办的第一所学校，创办于1912年，今天我们仍然能看到这所学校。

从那时起的60多年间，陈嘉庚创办、资助和倡办的学校多达180所，其中最为著名的厦门大学、集美大学都是由其所创办或从其所创办的学校发展而来的。

"不牺牲财，无教育可言；民无教育，安能立国？"[1]

前文说到陈嘉庚"尽国民一分子之天职"的决心，他自认为没有政客的能力，自己的绵薄之力愿兴办教育，不计得失，无怨无悔。民国虽已建立，但中国的教育水平仍十分落后。这在陈嘉庚的回忆录中能够看到点滴记载。1913年，"同安全县师资连简易科毕业者仅四人，一人改从商业，尚余三人""同安全县人口二十余万，只有县立小学一校，学生百余名，私立四校，学生三百余名"。[2]

陈嘉庚的故乡集美社是一个由清一色陈姓宗亲构成的村庄，或许因为久居海滨，村民养成彪悍民风和好勇斗狠的性格。虽是同姓，却并不团

---

[1] 林德时，陈嘉庚倾资办学的特点及其启示，集美大学学报（教育科学版），2008。
[2] 陈嘉庚，《南侨回忆录》，《创办集美小学校》，中国华侨出版社，2014。

陈嘉庚的故事

结,"同处里村宗族亲派怨恶相寻,甚于异类""二十年前屡次械斗,死伤数十人",①直至引来官兵镇压。陈嘉庚成年后,不止一次痛责自己的故乡:"其野蛮之狂,想为本省所未有",对那些经常寻衅滋事者,"恨无权力可执而枪毙之"。

因此,陈嘉庚兴办教育便从自己的家乡开始,他诚恳地找各房各长者商量,关掉原有的私塾,适龄子弟全部进入了新办的集美小学。

1913年春天,集美小学拥有了7名老师、130多名学生,在陈氏祠堂里参加了开学典礼。陈嘉庚由衷地感到欣慰,他希望创办更大的学校。

首先陈嘉庚对福建省的教育进行了一系列的考察。他震惊地发现腐败也同样出现在县立小学中。同安县立小学有学生100名,办学10年了,居然没有一个班学生毕业。这是由于小学校长由县长委派乡绅担任,教师和学生由乡绅聘用与招收,但县长一换,学生和校长都被散去然后重招,导致10年过去了没有一班学生毕业,这让陈嘉庚愤慨不已。

省里也让人大失所望。例如在福州考察省立师范学校,这所学校每年招生80余人,分作两班,但绝大部分学生不是通过公开招考,很多人是官僚及富家子弟,而且这些学生毕业后不会从事教育工作,这是导致省内师资匮乏的一个重要原因。陈嘉庚想在未来办一所师范学校,多收闽南乡间贫寒子弟入学,培养他们的志向,以加强本省教育。

随着自己在新加坡的事业蒸蒸日上,陈嘉庚在教育上的投入也在逐渐增多。从1912年到1918年,陈嘉庚与弟弟陈敬贤先后在集美办起了一所中学和一所师范学校,中学生只交膳食费用,学费和住宿费全免;师范生各项费用全免,连被席蚊帐皆由学校供给。陈嘉庚特地规定在闽南各县选

---

① 陈嘉庚,《南侨回忆录》,《创办集美小学校》,中国华侨出版社,2014。

招贫寒子弟入学,受到了各地的欢迎。

1920年,陈嘉庚创办了集美水产航海学校,将"开拓海洋,挽回海权"作为办学宗旨。在旧中国,我们无海防,也无现代水产航海事业;现如今在南洋做生意,海上航线受到了"一战"的影响无法顺利通航。陈嘉庚认为:"今后我国欲振兴航业,巩固海权,一洗久积之国耻,沿海诸省应负奋起直追之责。""世界数十国航业注册,我国竟无资格参加,其耻辱为何如。""欲振兴航业,必须培养多数之航业人才。"[①]

创办水产航海学校不同于办中小学,师资匮乏是首先应面对的问题。陈嘉庚早在1917年,就资助了吴淞水产专科学校高才生冯立民、张柱尊、侯朝海前往日本东京水产专科讲习所留学,预聘他们学成后回国到集美任教。后来,他又两次资助本校的多名毕业生到日本留学,同样预聘他们学成后回母校任教,陈嘉庚亲自选聘的9任水产航海学校校长都有水产航海专业学习经历,其中7人曾留学日本。

为吸引生源,集美水产航海学校的学生待遇等同于师范生,学费、膳宿费全免。陈嘉庚还从国外定制机器,在厦门造了一艘渔轮,又从法国购买了一艘在当时较为先进的捕鱼船,让学生能够有实习和就业的机会。

到1927年,陈嘉庚与弟弟陈敬贤已先后兴办了男子小学、女子小学、男子师范、男子中学、水产航海学校、商业学校、农业学校、幼儿师范、国语专科学校等多个学校,集美学村形成了。这里的生源多为福建、广东两省学子,也有部分南洋学生。

在陈嘉庚创办的所有学校中,最有名、影响最大的是厦门大学。

创办一所一流的大学,让地处东南一隅的福建学子能够就近深造,是

[①] 邹京,《陈嘉庚航海体育教育思想及时代内涵》,集美大学学报(教育科学版),2011。

| 陈嘉庚的故事 |

陈嘉庚多年的愿望和梦想，但仅仅凭借自己的力量是十分困难的，因此他希望能向当时的海外闽籍富商寻求帮助。当时陈嘉庚在富商之中并非首富，他乐观地相信，募捐几百万应该不是难事，然而结果大大出乎预料。他一次次向那些著名的华侨富商募捐，并开列出出资条件，比如给予冠名，参与管理校务等，没想到几年下来应者寥寥，甚至有一位闽籍富商宁愿死后被英国殖民当局征收四千万巨额遗产税，也不肯捐助一分钱。

几年来募捐的艰辛历程让陈嘉庚十分感慨，他愤怒地批评说："我国人传统习惯，生平艰难辛苦多为子孙计，若夫血脉已绝，尚复代人吝啬，一毛不拔，既不为社会计，亦不为个人名誉计，真其愚不可及。"[①]

虽然集资艰难，但陈嘉庚创办厦门大学的决心更加坚定了。为了办好厦门大学，他拟聘当时颇有社会影响力的汪精卫担任厦门大学首任校长，蔡元培、黄炎培、余日章、郭秉文、邓萃英等担任筹集委员会成员。经过一段时间的积极筹备，厦门大学于1921年4月由陈嘉庚独立出资100多万元，暂借集美学村正式开学，首批招生120多人，开学典礼不仅请来了诸多社会名流，还请到了正在中国进行访问的美国著名教育学家、哲学家杜威。

陈嘉庚深知校长对大学的重要性，因此在1920年汪精卫来闽探望老友陈炯明时，就邀请汪精卫参观集美学村。汪精卫的胆识与才华名重一时，陈嘉庚希望他能出任厦门大学校长，汪精卫一口应允，这让陈嘉庚颇感欣慰，还将其夫人陈璧君接到鼓浪屿安顿下来。没想到汪精卫根本无心教育事业，还是热衷于政治，一等到政治上有机可乘，他立即向陈嘉庚递了辞呈。陈嘉庚不得不临时改聘教育部参事邓萃英为校长，可是邓萃英热衷于做官，并未如约辞去教育部官职，开学典礼一结束就返回北京，将校

---

① 陈嘉庚，《南侨回忆录》，《厦大第三次募捐无效》，中国华侨出版社，2014。

务委托他人。这让陈嘉庚大失所望,适逢有学生写匿名信指责邓萃英不学无术却做挂名校长。邓颇感难堪,提交辞呈,陈嘉庚也不慰留,立即批准。这时候,陈嘉庚只能求助于远在新加坡的老友林文庆博士,再三恳请他出任厦门大学校长。林文庆没有辜负陈嘉庚先生之请,成为厦门大学第一任真正的校长。

林文庆为厦门大学的发展呕心沥血,从1921年上任到1937年厦门大学改为国立,担任校长16年。正是这十几年间,一座堪称中国东南最美丽的大学出现在了厦门岛一侧的天风海涛之间。40多座红瓦灰墙、中西合璧的建筑依山傍海,错落有致。学校的图书馆、生物馆、学生食堂等设施都是当时国内最好的。厦门大学当时有文学院、理学院、法学院、商学院、教育学院共5大学院17个系。1930年前后,每年可招收数百名学子入学。而这一切除了少量来自亲友捐赠的款项,基本都是靠陈嘉庚一人之力努力支撑。他前后投入厦门大学的经费多达400余万元。这在当时的中国是一个天文数字。

当经济危机来临时,陈嘉庚的企业面临困难,危及厦门大学。当时有多位好友劝陈嘉庚暂时关闭厦门大学,等渡过难关再复办。银行和投资机构也表示愿意给陈嘉庚贷款,但同时也开出严苛条件——陈嘉庚必须停止向厦门大学和集美大学提供经费,保证资金全用于企业。陈嘉庚断然拒绝。他后来在回忆录中写道:"有人劝余停止校费,以维持营业,余不忍放弃义务,毅力支持,盖两校如关门,自己误青年之罪小,影响社会之罪大。"[1] "一经停课关门,则恢复难望。"他毅然卖掉许多产业,继续维持两校费用。有人说这是"出卖大厦维持厦大",这也应验了黄炎培对他的

---

[1] 郭梁,《陈嘉庚的人生价值观》,厦门大学学报(哲学社会科学版),1994。

| 陈嘉庚的故事 |

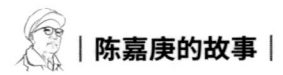

评价：毁家兴学。尽管陈嘉庚不认同"毁家"之说，但黄炎培这里所谓的"家"并非陈嘉庚个人的小家，而是陈嘉庚的企业这个大"家"。

　　商业上面临窘迫，企业陆续关门，但这些并没有动摇陈嘉庚办学的决心。他凭借自己和亲友的力量，苦苦支撑着厦门大学。直到1937年，他才将厦门大学交予政府管理，而在家乡创办的集美学村各校，则一直坚持办下来。

3
是实业家，更是教育家

有人做过统计，从陈嘉庚兴办第一所学校开始，在长达 60 多年的岁月里，陈嘉庚创办或资助的学校达 100 余所。但如果因此认为陈嘉庚兴办教育的功绩仅仅是倾资兴学，那是不全面的。陈嘉庚不仅是一位实业家，更是一位教育家。

若论教育程度，陈嘉庚仅在早年断断续续受过 7 年私塾教育，此后再未踏入校门深造，但他一生手不释卷，酷爱读书，长于写作，先后完成了《南侨回忆录》《我国行的问题》《住屋与卫生》《新中国观感集》等多种著述，为报刊撰文更是不计其数。鲜为人知的是，陈嘉庚还工于书法，写得一手好字。虽有秘书可以代劳，但陈嘉庚一生绝少让人捉刀代文，出任南侨总会主席后的电文及通告，多数由他亲自动手撰写。

陈嘉庚对教育有许多独到见解。他虽然没有留下一部论述教育的专著，但在他的著作及大量书信、访谈及演讲中，有许多关于教育的精辟论述。而他的倾资兴学的实践、办学的方向，更直接体现了他的教育理念。从这一意义上说，陈嘉庚是一位当之无愧的伟大教育家。

陈嘉庚是一位深具战略眼光的教育家，他所创办的学校布局严谨，自成体系，能全方位地培养各种对国家和社会有用的人才。从纵向看，他所创办的学校包括学前教育、初等教育、中等教育、高等教育；从横向看，则有男女小学、普通中学、师范学校，水产、航海、商业、农林等各类职业学校。高等学校如厦门大学的专业设置包括文、法、理、工等学科。

陈嘉庚还在学校力主建设全方位的教育体系，学区中有体育场馆、图书馆、科学馆、美术馆、音乐馆等，学校内也有银行、医院、印刷厂、建筑部、农林试验场等机构。集美学校科学馆有各类科学实验仪器2万余件，图书馆藏书29万册。水产、航海学校有先进的教学实验船和实习船。这在中国当时的私立教育机构中独树一帜。

陈嘉庚在兴办教育中还重视师资的培养，他认为"师范是教育的基本""没有好教师，就没有好学校"。陈嘉庚兴办了师范学校，培养了大批热爱教育、品学兼优的师范生，对闽南教育和海外华文教育产生了深远的影响。

陈嘉庚也是一位富有社会责任感的教育家。在晚清民国时期，实业救国是那个时代有识之士的共识，但陈嘉庚创办航海、水产、商科学校，开东南沿海职业教育的先河。他认为欲"开拓海洋，挽回海权"就"必须培养多数之航海人才"。创立商科是希望中国商业文明能跟上世界先进国家步伐。"所独缺乏者，商人不知商业原理与常识耳，吾人深知此弊，以为补救之法，莫善于兴学。"[1]

集美学校的师资在当时堪称一流，陈嘉庚为学校制定了极其严格的教师选聘标准。不仅要品学兼优，更要能为人师表。一旦聘用则待遇从优，绝无拖欠教师工资之事。

在教育方针上，陈嘉庚主张"德智体三育"并重，"吾校注意德智体三育，故对学生学习、操行、运动优者有给奖之举"[2]。他鼓励学生坚持体

---

[1] 雷克啸，章炳良，《试论陈嘉庚的教育实践与教育思想》，高等师范教育研究，1994。
[2] 宋强，郭惠杰，《民国时期集美学校体育实践活动及其特色评析》，体育科学研究，2017。

育运动，要求集美各校不把体育作为一般学科，应作为教育主科之一。这在今天看来都是非常先进的教育理念。

集美学校的校训也体现出了陈嘉庚的教育理念，甚至将他的奋斗经历蕴含其中。集美学校的校训是"诚毅"——诚以为国，实事求是，大公无私；毅以处事，百折不挠，努力奋斗。这一校训是1918年年初陈嘉庚、陈敬贤兄弟回乡梓办学时共同商定的。

1940年11月27日陈嘉庚回国访问安溪时有一段谈话，是对集美校训的最好诠释。当时为了躲避战火，集美学校从沿海迁往山区。陈嘉庚在集美中学师生和厦大、集美校友为他举行的欢迎会上演讲指出：

集美学校创办的动机和目的跟普通学校不同，办学是要有勇气的，也就是我们校训的"诚毅"，无论遇到什么艰难困苦，都要不屈不挠。……希望诸位抱着大公无私的精神，凭着"诚毅"二字校训，努力苦干。……我培养你们并不想要你们替我做什么，我更不愿你们是国家的害虫、寄生虫；我希望于你们的只是要依照着"诚毅"的校训，努力地读书，好好地做人，好好地替国家、民族做事。①

---

① 傅子玖，《初论陈嘉庚的诚毅精神》，集美大学学报（哲学社会科学版），2002。

| 陈嘉庚的故事 |

4
侨者，桥也

陈嘉庚不仅是一位商人，他办实业、兴教育，都是爱国家的具体表现。他虽人在南洋，作为华侨领袖之一，他深切地关心着中国之命运，贡献自己的一份力量。

辛亥革命的胜利，使得陈嘉庚强烈的民族意识和乡土感情打破了乡、省的界线，深刻了他的爱国情怀。当1912年1月南京国民政府成立，孙中山就任临时大总统的时候，陈嘉庚想到"天下兴亡，匹夫有责"的古训，用兴办教育的方式为国家的发展贡献自己的一份力量。从此开始，陈嘉庚的人生与国家命运切切实实地紧密联系起来了。

1918年，陈嘉庚写了《致集美学校诸生书》，大声疾呼："吾国今处列强肘腋之下，成败存亡千钧一发，自非急起直追，难逃天演之淘汰。"[1]他希望学生"上以谋国家之福利，下以造桑梓之庥祯"[2]。他认为中国的前途命运关键在教育，可以帮助启迪民智、提倡生产、政治改革，甚至是抵抗外国侵略。这时候，陈嘉庚深刻地意识到为国家做出自己的贡献是自己真正的理想所在。

第一次世界大战结束后，陈嘉庚决心让弟弟陈敬贤接管实业，自己启程回国，扩充集美学校和筹办厦门大学。临走前，他将新加坡的不动产、橡

---

[1] 郭玉聪，《教育救国：陈嘉庚倾资兴学的思想动机》，厦门大学学报（哲学社会科学版），2001。

[2] 邓达宏，《近代闽南华侨捐资兴学之人文路向——兼论陈嘉庚先生办学思想》，福建党史月刊，2010。

胶园、房产等，捐作集美学校永远基金，并在演讲中陈述了自己的志愿：

"此后本人生意及产业逐年所得之利，除花红之外，我留一部分添入资本，其余所剩之额，虽至数百万元，亦尽数寄归祖国，以充教育之用，是乃余之大愿也。"①

倾资兴学，各界人士纷纷称赞他为"毁家兴学"，他多次向友人指出这个提法不妥。

陈嘉庚此次回国，正好是五四运动在全国蓬勃发展的时候。面对中华民族的新的危机，五四运动给中国带来了光明和希望，"民主"与"科学"口号的提出，也给陈嘉庚的办学活动以巨大的推动力。他在《通告》一文中阐述了厦门大学的动机和目的，把兴办大学和国家民族的前途命运紧紧联系在一起，表达了他办好教育，振兴国家的强烈愿望：

"专制之积弊未除，共和之建设未备，国民之教育未遍，地方之实业未兴，此四者欲望之各臻完善，非有高等教育专门知识，不足以躐等而达。吾闽僻处海隅，地瘠民贫，莘莘学子，难造高深者……长此以往，吾民岂有自由幸福之日耶。且户口洞开，强邻环伺，存亡绝续，迫于眉睫，吾人若复袖手旁观，放弃责任，后患何堪设想？鄙人久客南洋，志怀祖国，希图报效，已非一日，不揣冒昧，拟创办大学校并附设高等师范于厦门。"②

1921年4月6日厦门大学在集美新校舍即温楼开学。5月9日演武场、校舍点开工。陈嘉庚选择5月9日，是因为那是1915年袁世凯与日本签订丧权辱国的"二十一条"的日子，是中国人的国耻日。这也是陈嘉庚倾注给厦门大学师生"勿忘国耻，发奋图强"的苦心所在。

---

① 许良廷，《爱国侨胞的光辉典范——陈嘉庚倾资办学》，党史文汇，1998。
② 雷克啸，章炳良，《试论陈嘉庚的教育实践与教育思想》，高等师范教育研究，1994。

陈嘉庚的故事

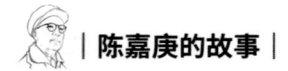

自1926年，陈嘉庚的企业遇到了很大困难，又逢1929-1933年世界经济大危机的冲击，陈嘉庚的企业濒临破产，不少亲友都劝他知难而退，垄断集团也对他施压，要他停止提供给厦大经费，甚至儿子也劝他减少两校经费。陈嘉庚在如此大的压力下，他发出掷地有声的誓言："不！企业可以收盘，学校绝不能停办！"他说到做到，把经济鼎盛时期购买的新加坡豪华大厦变卖了，作为维持厦大的经费，这充分显示了陈嘉庚先生把国家利益、民族利益摆在至高无上地位的崇高精神。

1931年，日本发动了九一八事变，此后新、马华侨失业者愈发众多，陈嘉庚的公司也面临收盘，就连陈嘉庚本人也濒临破产。陈嘉庚的弟弟陈敬贤在1936年不幸去世。陈嘉庚确实是无力支撑厦大经费了。他决定将厦门大学无偿交给政府去办："千思万虑，别无他法，唯有请政府收办，愿无条件将厦大产业奉送，不拘省立或国立均可，所有董权一律取消。"陈嘉庚倾资办学，呕心沥血，千辛万苦，独立维持厦大16年。

陈嘉庚先生用倾资办学的方式实践着自己的爱国爱乡情怀，他的精神、教育，影响着一代又一代人。新中国成立后，厦门大学要扩建、发展，但国家财力有限，投入于教育事业的经费不足。陈嘉庚先生除了自己继续努力，还寄希望于自己在新加坡的大女婿李光前和他的家族的支持帮助。果然，李光前出色地继承陈嘉庚的精神，担当起扩建、发展厦大事业的责任。厦门大学稍后新建的一系列楼群的投资，都得到李光前及其家族的支持。直至今日，李光前家族仍在支持着厦门大学的建设和发展。

陈嘉庚的精神深刻地影响着时代与后代，他的精神就像一座桥梁，将祖国大陆与海外侨胞紧密联系在一起。这座桥梁的基石是爱国，主体是为国家的强盛做出自己的贡献与担当！

第三章

1937-1945 年：
投身抗战

1 抗战开始与南侨总会的成立（一）

1926年以后，陈嘉庚的经济实力由于经济危机等原因开始走下坡路，但他的社会威望日益提高。20世纪20年代作为福建会馆与中华总商会两大华侨社团的成员之一，陈嘉庚希望建立一个更有代表性的、可以统一领导新马地区全体侨民事务的新组织。为此，他在《南洋商报》发表文章，倡议将中华总商会改为中华会馆。他指出：

"今当祖国革命成功（指南京国民政府建立），建设伊始，百事维新。海外华侨，亦宜乘时奋起，作有组织有秩序之大团结。一方面严守当地法律，表现华族之文明，另一方面创设公共事业，幸侨界之福利。"[1]

他在文章中还提出了关于中华总商会职员名额分配、商会建设等多方面的建议，但是保守的新加坡中华总商会拒绝了陈嘉庚的建议。1928年陈嘉庚高票当选为福建会馆会长。福建人在新加坡华侨中占多数，在华侨社会中起着举足轻重的作用，福建会馆在陈嘉庚的领导下成为了一个凝聚力强、战斗力强的华侨大社团，陈嘉庚在华侨中的领导地位也以此大大加强了。

1928年，为了抢先控制济南，日本3个步兵中队于4月20日入侵济南，在市内各马路构筑工事、寻衅开枪，打死中国军民多人。5月3日，

---

[1] 李天锡，《试论华侨家乡组织的历史作用及其变化发展》，华侨大学学报（哲学社会科学版），1989。

| 陈嘉庚的故事 |

日本向国民党北伐军驻地发起大规模军事进攻，并在济南奸淫掳掠，无恶不作。仅5月3日一天，被日本杀害的中国军民就在一千人以上。国民政府的特派交涉员蔡公时，在被百般摧残后也惨遭杀害，随行人员仅一人逃脱。这就是震惊中外的济南惨案。

消息传到南洋，群情激愤，陈嘉庚出面领导了"山东惨祸筹赈会"，他在大会上发表了慷慨激昂的演讲：

"查山东不幸，客岁惨遭天灾，难民数百万人，无食无衣，苦惨万状，不可言喻。虽远邻美国尚筹款一千万元，以资赈灾……日本虽与我国毗邻……而从未闻其捐助一文钱，救济一粒米。乃今且更进一步，侵略我主权，残杀我同胞……其野心凶暴，险恶蛮横，实全世界所未有。今我国势虽弱，然人心未死，公理犹存，必筹相当之对待。"

这是陈嘉庚第一次站出来领导华侨开展政治运动。在他的领导下，"山东惨祸筹赈会"成立9个多月，共募得赈款117万元，大部分汇交南京政府，部分用于接济蔡公时家属。这一活动持续时间之长，动员民众之广，在整个新加坡历史上都是空前的。新、马华侨第一次不分族群，不分省籍，不论阶级，都在陈嘉庚和筹赈会同仁的宣传下踊跃捐款。

新加坡华侨不仅积极参加筹赈活动，还踊跃发起了抵制日货活动。在这段时间，新加坡华侨与日本的贸易几乎完全断绝，日侨在新加坡开办诊所、理发店、商店也看不到华侨的身影。这引起了日本政府的仇恨，不仅陈嘉庚本人上了日本人的黑名单，日本政府还有组织有计划地运用压价或倾销方式，在橡胶、蔗糖、锡、铁、麻等各种产业与华侨企业展开恶性竞争，陈嘉庚自己的一家橡胶工厂就遭人纵火焚毁，损失高达50万元。这一行径被一致认为是日本人的报复。

1929年"田中奏折"颁布,日本军国主义野心大白于天下。陈嘉庚深信这是日本军国主义对中国侵略野心的大暴露,他为了揭露日本的阴谋,唤起海外华侨的爱国热情,将田中奏折自费印制了5000份,在华侨中间散发。这引起了当时新加坡的英国殖民当局的注意,对陈嘉庚发出了警告:

"行政会议考虑到一些与山东筹赈会有关的华族领袖的行为,本会决定致函陈嘉庚先生提醒他的行为已受到总督的垂注,倘若今后尚有类似行为,他将会面对严重后果。"[①]

英国殖民当局并没有吓住陈嘉庚,国难当头,他早已将个人安危置之度外。虽然他已经被殖民当局授予英国国籍,但他始终认为自己是一名地道的中国人。陈嘉庚就在这一时期,开始由一位传奇商人向敢于担当、以天下为己任的领袖人物转变。

---

① 《海峡殖民地行政会议记录》,1932年5月11日。引自杨进发博士《陈嘉庚——华侨传奇人物》。

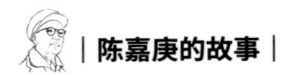

2 抗战开始与南侨总会的成立（二）

1931年，九一八事变发生后，陈嘉庚把自己1923年创办的华文报纸《南洋商报》从午报改为早报，就是为了第一时间向新马各地的读者报道中国战事。七七事变后，这张报纸成为了新加坡、马来西亚华侨抗日活动的舆论中心和精神向导。

1936年12月12日，张学良、杨虎城为逼蒋抗日，发动兵谏，拘押了蒋介石，并通电全国。消息传到南洋，陈嘉庚等侨领接到了南京政府驰电敦促他们向张、杨施压。陈嘉庚感到情况严重，他出面联合新加坡一些群众团体举行隆重集会，并成立了新加坡华侨爱国援蒋会，向张学良、杨虎城通电施压，要求他们立即无条件释放蒋介石。陈嘉庚忧心忡忡，每隔两三个小时就向《南洋商报》打探一次消息。轻易不动感情的陈嘉庚，甚至为了蒋介石的安危当众留下了沉痛的眼泪。在他看来，蒋介石是当时唯一能够担当领导中国军民团结抗战的领袖人物。

当蒋介石获得释放的消息传出后，陈嘉庚欣喜不已，和好友拉来了一卡车鞭炮燃放庆祝。他对南京政府和蒋介石无条件的支持，代表了当时海外一部分华侨的想法。

1937年7月7日，发生在宛平城外的卢沟桥事变爆发了。陈嘉庚从儿子陈国庆处知道了日本进攻卢沟桥的消息，他反应很平静，但是确实没有想到这冲突很快就会演变成中日之间的长期战争。

随着华北战事迅速扩大，新加坡、马来西亚各地华侨群情激愤，抗日情绪高涨，纷纷致电南京政府，敦促蒋介石抗战。南洋华侨纷纷建立抗日救亡团体，凑款赈济祖国伤兵难民。一些华侨领袖请求陈嘉庚出面领导筹赈事宜，但陈嘉庚态度十分冷静，他认为"战事尚未显明，若可息事，则毋需筹款；如或开战，关系国家民族存亡，事件极为重大，开会筹款当有相当计划，不宜急切轻举"。言必信，行必果，是陈嘉庚的性格。

战争在继续扩大。1937 年 8 月 13 日，日军对上海发动大举进攻，中国守军奋起抵抗。陈嘉庚意识到，关系中华民族生死存亡的时刻终于到来了。新加坡著名侨领叶玉堆、李俊承、陈延谦、周献瑞、李光前、陈六使等人劝陈嘉庚出面领导新马筹赈工作，但陈嘉庚并没有答应，因为他认为自己已经退出了商界。但这些侨领都认为此时的陈嘉庚威信比以往更高，且商界许多人士曾受陈嘉庚提携和栽培，由他出面领导抗日救亡运动是最合适的人选。

陈嘉庚等侨领也担心新加坡的英国当局会阻碍他们的爱国行为，但由于日本发动全面侵华战争直接影响了英国的在华利益，新加坡华民事务司和英国驻新加坡总督很快就同意了由陈嘉庚领导新加坡筹赈会事务。随后，陈嘉庚先后当选了新加坡筹赈会临时主席与马来西亚、新加坡华侨筹赈祖国伤兵难民委员会主席。

成为主席后，陈嘉庚带头捐款，主动表示每月将捐款 2000 元，直到战争结束。众侨领也慷慨解囊，为民众带了一个好头，使得筹赈运动迅速在新马各地展开。陈嘉庚领导筹赈会仅用两个多月的时间便完成了南京政府发行的 5 亿元救国公债的劝募任务。他在给陈村牧先生的信中说："值此国族生命已到最后关头，余惟恨现无百万资金，否则亦必全数购买救国公

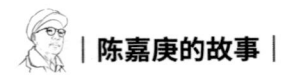

债，绝不犹豫也。"

抗日救亡运动极大地提高了新马华侨参与政治的热情，人们在陈嘉庚为主席的筹赈会的领导下形成了空前的凝聚力。陈嘉庚也赢得了国民党人、共产党人和华侨社会团体的尊重。但他希望建立一个更大的社团组织，全面领导新马华侨的筹赈和抗日救亡运动。

1938年10月10日，来自南洋各地的40多个爱国团体的代表共160多人，齐集新加坡华侨中学，宣布成立"南洋华侨筹赈祖国难民总会"，简称"南侨总会"，陈嘉庚被选为主席。

南侨总会号召南洋华侨"各尽所能，各竭所有，自策自鞭，自励自勉，踊跃慷慨，贡献于国家！"南侨总会的诞生，是南洋华侨历史上的一件大事，它标志着在抗日旗帜下的爱国华侨大团结局面已经形成。

在南侨总会的领导下，南洋抗日救亡团体如雨后春笋般发展起来，到太平洋战争爆发前夕，这类团体已增至700多个。他们开展了多种多样的抗日救亡活动，其中以募捐的成绩最为突出。仅1938年和1939年两年，南侨总会的各地分会共募得一亿四千多万元，占同期海外华侨捐款总数的70%，汇回祖国及时支援了抗战的需要。

南洋华侨不仅捐款，也积极捐赠抗战所需衣物。南侨总会捐献各种汽车200辆，菲律宾华侨在世界各地献机救国运动中，集资捐赠飞机15架，命名为"菲律宾华侨飞机队"。

3
"敌未出国之前，言和即汉奸"

1937年卢沟桥事变后，在以国共合作为主体的抗日民族统一战线旗帜的召唤和指引下，中华民族掀起规模空前的民族解放战争。中国军民以极其英勇的斗争，粉碎了日本侵略者"速战速决""三个月灭亡中国"的阴谋，但在这为正义而战的大潮中，不时出现破坏全国团结抗战的逆流。

时任国民党副总裁的汪精卫被日本的实力吓破了胆，视抗日为危途，极力宣传民族失败主义，进而转化为投降主义，一再主张和要求对日妥协、和解。1938年10月，日军进攻广州、逼近武汉。汪精卫对中国抗战的前途更加悲观。

10月11日在与德国海通社记者谈话中公开宣称：中国在抵抗侵略之际，同时并未关闭第三国调停之门，不过调停之能否成功，须视日本和平提议之内容为断耳。如条件不妨碍中国之生存与独立，则或可为讨论之基础。21日接见英国路透社记者时再次表示愿与日本谈判实现"和平"。

汪精卫的言论引发了国际上众多猜测，甚至传出了中国已经接受意大利调节，与日本商议和平条件，蒋介石下台等传言。国民党的一些官员本来对抗日救国信心不足，受之影响，此时也就表现出了"倾向于和平"的态度。

汪精卫倡言与日本谈和平，这是一种严重的背叛行为，它蛊惑试听，破坏中国抗战大业。陈嘉庚听说汪精卫的言论之初，不相信有这样的事。

| 陈嘉庚的故事 |

看到路透社的报道，陈嘉庚在10月22日以南侨总会主席名义致电汪精卫，探询其事，并告诫之："敌暂时得意，终必失败"，"和平绝不可能，何若严加拒绝，较为振奋人心也"。①

可是汪精卫在回复陈嘉庚的电报中，坚持其谬论，并强词夺理地说："盖抵抗侵略与不拒绝和平，并非矛盾，实乃一贯。和平条件如无害于中国之独立生存，何必拒绝？"于是陈嘉庚再电汪精卫，忠言规劝：先生居重要主位，关系至大，倘或失误，不特南侨无可谅解，恐举国上下，皆不能谅解。"万望接纳老友忠告，严杜妥协之门，公私幸甚。"②

10月26日，在进一步获悉汪精卫投降活动的消息后，他发电严厉警告之："先生主和甚力，事虽绝不能成，难免发生摩擦，淆乱视听。今日国难愈深……继续抗战，终必胜利，中途妥协，实等自杀……坐享渔利，唯有敌人。"③他严词驳斥汪精卫的谬论说："秦桧阴谋，张昭降计，岂不各有理由，其如事实何哉？""万乞俯顺民意，宣布拥护抗战到底，拒绝中途妥协，以保令誉，而免后悔，不胜迫切待命之至。"④

然而，汪精卫当时已经与日方秘密接触，准备铤而走险，因此对陈嘉庚的规劝置若罔闻，他敷衍说："侵略国破坏和平，被侵略国保障和平，抵抗侵略，国内之团结，国际之援助，全恃此为立脚点，此为中央一贯之方针，无论何时，均有阐明之必要。当此危急存亡之际，谣言繁兴，尤赖明识辨证之也。"⑤

---

① 陈嘉庚，《南侨回忆录》，附录八《为反对合议事来往电文》，中国华侨出版社，2014。
② 同上。
③ 同上。
④ 同上。
⑤ 同上。

陈嘉庚的劝阻，没有奏效。他在规劝汪精卫的同时，亦分别致电国民政府行政院院长孔祥熙和国民党要人宋子文，后又致电蒋介石。其意在于提醒和希望国民党当局阻止汪精卫的"和平"阴谋，但未得要领。蒋介石答之以"抗战决策，已发布告国民书"，孔祥熙的回电竟称关于汪精卫的言论是"谣言"。

陈嘉庚还希望借助舆论力量，阻止汪精卫的活动，他将上述共7封电报在新加坡的一些报纸上公开发表，并将致汪精卫的电报拍发重庆某报，请为刊载，结果对方慑于汪精卫的权势而没有刊载。

两天后，即1938年10月28日，抗战时期的一次很紧张的集会——国民参政会在重庆召开。身在新加坡的陈嘉庚以国民参政员的身份，向参政会发去一封电报，电报原文为：议长秘书公鉴东电悉庚因事未能赴会甚歉兹有提案三宗乞代征求参政员足数同意并提请公决（一）日寇未退出我国土之前凡公务员对任何人谈和平条件概以汉奸国贼论（二）大中学校在抗战期间禁放暑假（三）长衣马褂限期废除以振我民族雄武精神陈嘉庚叩首。

"敌未出国之前，言和即汉奸"这一提案最终获得了大会的一致通过，给投降派以沉重打击。邹韬奋称此寥寥十一个字是"古今中外最伟大的一个提案"，这给海内外民众的抗日热情以极大的鼓舞。

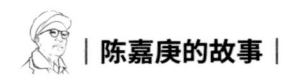

4
回国行程16省，慰问抗战军民（一）

抗日战争爆发以来，陈嘉庚领导南侨总会支援国内抗日战场，他每天通过《南洋商报》关注国内的战况，但他的心中也一直有一个想法，希望能组织筹赈会派代表回国慰问抗日军民。这样既可以将国内形势报告给南洋侨胞鼓舞抗日热情，也可以考察战场及国内情况。

"百闻不如一见"是陈嘉庚先生的信条。

1939年12月4日，陈嘉庚在《南洋商报》刊登启事，一方面说明组织南侨慰问团的动机、目的与办法；一方面鼓励各级筹赈会派代表参加。陈嘉庚也提出了参加慰问团的一些要求：必须通晓国语及略识中文、须不染鸦片及其他不良嗜好、每人自备旅费等。同时，代表团也承诺，如意外丧生，将提供给家属新加坡币3000元。毕竟，回国慰问定会到达抗日最前线，必须做好牺牲的准备。

想法公布后，许多别有用心的人想利用南侨回国慰问之行为己牟利：国民政府驻新加坡总领事高凌百就表示愿意亲率慰问团回国以邀功，被婉言谢绝；还有一些与陈嘉庚对立的人从通告刊登之日起，就不断造谣生事，甚至向重庆国民政府匿名报告，还污蔑慰劳团成员回国将对国民政府十分不利等等。

一见慰问团未组成就面临这么多艰险，本没有打算前往的陈嘉庚决定亲自率团回国。这时的陈嘉庚已经66岁了，跨越万水千山并非一件易事，家人和朋友们都替他担心，但他已经做出了决定。

说明了回国慰问的意图，得到了蒋介石的电报肯定的回复后，1940年3月，南洋华侨回国慰劳视察团组成了，全团五十余人，代表南侨总会所属各筹赈机构。首批代表30人聚集新加坡，陈嘉庚在怡和轩俱乐部设宴欢迎他们的到来。

在中华总商会举行的欢送会上，陈嘉庚致辞说，慰劳团此行主要是对前线将士进行精神上的慰问，反复告诫团员们务必谦虚谨慎，不可夸张自满。他说，抗战32个月以来，华侨捐献款项，仅及南洋华侨资产的百分之几而已，而天津、广州，任何一个沦陷城市的损失都远远超过这个数字。他还郑重向团员们提出了一项要求：万勿用纪念册向国内名流、领袖请求题签，浪费别人的宝贵时间，更不能借此集会标榜自己的才能，抬高身价。

就在准备启程之时，陈嘉庚被人告发到新加坡英国殖民当局，说他是共产党。陈嘉庚的得力助手侯西反就因被告发而被驱逐出境。在前往总督府拜会英国殖民当局华民事务司负责人佐顿，并表明自己同盟会会员身份，且直言不讳地说自己坚持不加入任何政党后，陈嘉庚按照预先计划，于3月19日抵达缅甸仰光，受到当地侨领和华侨社团的热烈欢迎。

陈嘉庚在集会上发表演讲说：日本帝国主义的野心不仅在侵占中国，而且企图侵占马来西亚、缅甸、印度等地，警告商人勿贪小利而与世界大盗亲善，互为贸易。

陈嘉庚的演说就像是一次智慧的预言，一年之后，日军就发动了太平

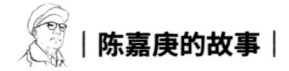

洋战争，向这些国家伸出侵略的魔爪。

在缅甸停留一个星期后，陈嘉庚乘"康定"号飞机抵达重庆珊瑚坝机场。这是他少年时前往南洋后第六次回国，距上次回国已过去将近20年的时间。国破山河在，这次回到祖国，半壁江山沦陷于侵略者铁蹄之下，陈嘉庚心中感慨万千。

面对前来欢迎的各界人士与中外记者，陈嘉庚发表了即席讲话：我离开祖国已经十八九年了，对于国内的情形，很欠明悉，但是我有一颗心，这颗心随时随地都惦念着祖国！这次参加回国慰劳的侨胞，代表着南洋各属的侨团，回国是对艰苦牺牲的将士表示敬意，同时考察祖国在军事、政治、经济、教育诸方面的进步情形。他还特地谈到"第八路军所在地延安，如能到达，余亦拟亲往视察，以明真相"。

为了接待陈嘉庚率领的南侨慰劳团，国民政府拨专款设立了"欢迎南洋回国慰劳团委员会"，陈嘉庚听闻感到非常不安，特地要求以南侨总会名义在国内各报刊刊登一则启事：望慰劳团所到之地政府长官及社会人士予以指导，其他招待，务祈节约。

慰劳团在重庆期间就先做到了尽可能节俭。团中有规定：全团每日伙食不得超过120元，自3月25日抵达至5月1日离开，所用食宿费仅6100元国币，为国民政府至少节约接待经费8万元。

陈嘉庚本人更是首先垂范于他人，他虽不喜欢应酬，但免不了经常要参加各种名目的宴会和招待会，这让他苦不堪言。他的住处也几乎每天都有国民政府要员及各地军政长官前来造访，陈嘉庚在与他们的交谈中知道了许多国内抗战以来的实际情况。

在重庆居留期间,他见到了刚从前线归来的《南洋商报》战地记者张楚琨。一年多以前,正是张楚琨将美国记者斯诺所著的《西行漫记》送给了陈嘉庚,让陈嘉庚知道了中国西北的天空下,还有那样一块红星照耀下的土地。当他问到张楚琨对前线的印象时,张楚琨向陈嘉庚讲述了一个现实:"前方吃紧后方紧吃。"

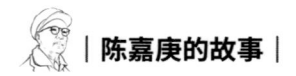

5
回国行程16省，慰问抗战军民（二）

抗日将士们在前线流血牺牲，而大后方重庆的官员们则觥筹交错、夜夜笙歌。张楚琨怕陈嘉庚不信，就特意指给他看两座正在兴建的豪宅：一座是国民政府海外部部长吴铁城的官邸，另一座是前交通部部长朱家骅的官邸。这让陈嘉庚大为反感。更让他吃惊的是重庆最豪华的嘉陵宾馆，竟然是行政院长孔祥熙所有，而政府接待及大小宴会多在这里举行。在陈嘉庚看来，政府官员万万不能自己经商，与民争利。而孔祥熙日后见到陈嘉庚，对自己经营宾馆并不讳言，这让陈嘉庚非常失望。他评论说，如果是在英国，若政府公务员公然经商，必定会被开除的。

在重庆另外一件让陈嘉庚忧虑的事，是听说了一些国共摩擦的传闻。副总参谋长白崇禧坦诚地告诉他这确是事实，陈嘉庚希望双方拿出诚意，尽快解决问题。国共分裂，无异于自杀。

几天后，中国共产党方面派叶剑英和林伯渠、董必武来拜会陈嘉庚。虽初次见面，但陈嘉庚开门见山地对三位共产党人谈起了他拜会重庆国民党军政要员时听到的一些两党"恶感严重"的传言，表示对此"心中焦灼，莫可言喻"。

对于陈嘉庚的疑问，叶剑英等人做了非常诚恳的回答，并且邀请他参加重庆八路军办事处为他举行的欢迎茶会，陈嘉庚欣然答应前往。在茶会上，共产党人对他的真诚欢迎给陈嘉庚意外的惊喜，更让他感到意外的是，他很快就受到了毛泽东亲自发来的邀请电，目的地——延安。

1940年5月1日，陈嘉庚和慰劳团开启了在中国的探访之旅。陈嘉庚将慰劳团一分为三，分别由潘国渠、陈忠赣和陈肇基带队，而自己却未参与任何一个团，而是想与庄西言、侯西反和李铁民单独行动西行。他的目的地，正是延安。

陈嘉庚西行的第一站是兰州。在这里他见到了第八战区司令长官朱绍良、副司令长官傅作义。陈嘉庚非常欣慰地听到了傅作义将军向他讲述战场见闻，尤其是听到了日本人在傅作义看来士气已经大不如前，过去日本兵作战誓死不投降，现在则偷偷学中文的"饶命"。

下一站是青海西宁、甘肃平凉，在塔尔寺参观时恰逢晒佛节，陈嘉庚对彩绘佛像艺术表示赞赏。在路上陈嘉庚一边游历，一边慰问。当他来到卫青墓前，看着那尊比真人略大的"马踏匈奴"石雕感慨不已，认为这是"两千年前石刻之精妙美术也"。

来到西安侯，陈嘉庚会见了胡宗南、程潜、蒋鼎文等军政要员，还在胡宗南的陪同下，赴终南山检阅军校会操，与官兵一同在操场上"席地而食"，这种体验让陈嘉庚颇感兴奋。

可是陈嘉庚发现西安之行并不自由，慰劳团的住处和行李被接待的寿家骏科长强行移往他处，更不满的是前来拜访的八路军总司令朱德将军邀请慰劳团次日到八路军办事处赴宴，周恩来从延安去重庆路过西安，也将一同参加会见，陈嘉庚欣然接受邀请，但寿科长百般刁难，使他未能成行，让陈嘉庚先生觉得十分过意不去。

在西安，陈嘉庚仍然按照自己一贯的风格，毫无顾忌地发表演讲。针对回国后见到的种种不良现状，陈嘉庚在西安发表演讲时指出：多难可以

| 陈嘉庚的故事 |

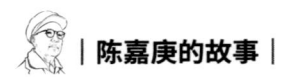

兴邦，是则抗战可以建国。鄙意抗战与建国，亦如种植树胶分作两时期，第一时期抗战胜利已无问题，第二时期为建国，必须消除土劣贪污，如树胶之防恶草白蚁，则建国绝可成功。

陈嘉庚的下一步，就是前往心心念念的地方——延安。

6
延安之行（一）

1940年3月25日，陈嘉庚率领慰劳团到达重庆。在重庆居留期间，共产党方面派叶剑英、林伯渠、董必武前来拜访。对于当时国内种种不良现象，陈嘉庚表示忧心忡忡。面对陈嘉庚的疑问，叶剑英等人做了诚恳的回答，并邀请他参加重庆八路军办事处为他举行的欢迎茶会，前文已提及。

几天后，叶剑英、林伯渠和周恩来夫人邓颖超，亲自陪同陈嘉庚乘船过江，前往嘉陵江对岸的八路军办事处。

在欢迎座谈会上，陈嘉庚介绍了南侨总会自抗战以来所做的工作，并对中国政治发表了他的看法，其中对于战争后的中国，他说道："……至三民主义与共产主义，虽略有不同，然均为废除独裁帝制、资本权利、奴隶阶级等流弊，而实行人民自由平等之幸福。在革命初成时期，立法行政各项，难免有不少不能适合民情，及经过相当经验，逐渐改善，兴利除弊，必能日臻完美。帮我国既有三民主义好框框，国民应悉力奉行毋需求他人之模范也。"[①]

叶剑英代表八路军办事处致辞，并对陈嘉庚的话表示赞赏。他表示，我们欢迎的不是资本家的陈嘉庚，而是革命的陈嘉庚，希望陈嘉庚在国民党那边也能这么说。

---

① 贺春旎，王珏，《陈嘉庚与孙中山交往考》，集美大学学报（哲学社会科学版），2010。

| 陈嘉庚的故事 |

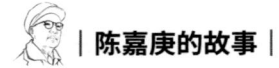

  陈嘉庚感受到了共产党人对他的真诚欢迎，当面答应叶剑英等人的邀请，表示愿意前往延安看看，拜会毛泽东等共产党领导人。陈嘉庚认真询问去延安拜访毛泽东的旅行路线等，叶剑英一一作了答复。陈嘉庚的态度也让共产党人喜出望外，他很快就受到了毛泽东亲自发来的邀请电报。

  5月30日，陈嘉庚一行从西安出发，启程前往延安。八路军办事处派出两辆车专程护送，寿科长亦奉命带车陪同。5月31日，陈嘉庚来到了桥山的黄帝陵祭扫这位"人文初祖"。当时的陈嘉庚还能够背出《史记·五帝本纪》中关于黄帝的记载。

  5月31日，祭祀完黄帝陵的陈嘉庚继续北上，中午抵达洛川县城时，遇到不少欢迎的民众，近看却发现都是一些穿着破衣烂衫、面无表情的百姓，陈嘉庚看出来都是刻意组织来的，这让他很不安。当他们停车用午餐时，这些老实巴交的百姓居然塞给了他们反共传单，快要离开洛川时仍有人不断强行塞给他们这类传单。做事一向光明磊落的陈嘉庚，对这种阴谋伎俩感到厌恶，更增加了他对延安的好奇和向往。

7
延安之行（二）

陈嘉庚对延安的印象很深，大多来自《西行漫记》，这里面的描述让陈嘉庚感到这里是一块不同寻常的土地，但是真实置身于黄土高原的震撼，不是书本可以尽述的。离开黄帝陵，植被愈发稀少，沟壑纵横的黄土高原尽显苍凉与雄浑，天地开阔了起来。

为迎接陈嘉庚的到来，延安方面做了精心的准备。慰劳团提前于五点半到达延安城，当时欢迎的人群还来不及做好准备，场面多少有点尴尬。但不多时，数千人就聚集在延安南门外的小广场上，热烈欢迎陈嘉庚的到来。陈嘉庚惊奇地发现前两排就座的军民，居然大都能听懂闽南语。

陕甘宁边区代主席高自立发表讲话，对没有组织好欢迎的队伍表示歉意。陈嘉庚则向人们介绍了南侨总会派慰劳团回国的意义与作用等。与陈嘉庚同来的西安方面的寿科长，暗地里送来了一些反共宣传品，有部分国民党特务分子在会场捣乱，场面一度骚动。但陈嘉庚当面揭穿了这些把戏，并把这些文件当场扯得粉碎。他不愿意这样的事情破坏自己到延安后的好心情。

陈嘉庚被安排住在延安交际处，这是延安最好的下榻之处。在这里还有著名作家矛盾等人，毛泽东也特意派了自己的警卫员陈昌奉为陈嘉庚服务。陈昌奉是一个勤快干练的小伙子，听说也参加了长征。陈嘉庚在聊天过程中饶有兴趣地向他了解了红军长征的一些情况。

| 陈嘉庚的故事 |

次日上午，陈嘉庚在朱德及其夫人康克清的陪同下参观了延安女子大学，接待他们的是王明夫人孟庆树。陈嘉庚非常惊奇女子大学的学生们能够坐在容纳几十个人的大窑洞里上课。

不幸的是，南侨总会秘书李铁民在从女子大学出来上车时不慎把头磕到了车门上，被送往延安中央医院治疗；两天后，随员侯西反先生因饮食原因腹泻不止，亦不得不休息治疗。这两件事打乱了陈嘉庚计划在延安逗留三四天的行程计划，为他了解延安留下了更多时间。

陈嘉庚第一次见到毛泽东，印象最深的就是"平等无阶级"。毛泽东亲切随和，从容不迫，所有人在他面前似乎都无拘无束。后来在延安的九天中，陈嘉庚多次与毛泽东会面，他最关心的是国共合作、团结抗日的问题，他也跟毛泽东专门谈了他对华侨与祖国抗战的见解。他对毛泽东说，华侨的义捐款虽然不少，但只占到一般汇寄家用的十分之一，那十分之九的侨汇也十分可贵，因为这些侨汇可以直接兑换成白银，作为政府发行货币的依据。

作为资本家的陈嘉庚，在当时就有这样的战争经济学的观念，实在是非常了不起。毛泽东听了这番话只是微笑，连连抽烟，并不答话。

与朱德谈话的时候，陈嘉庚多少明白了延安的窘况。朱德对陈嘉庚说，当局对我们成见极深，如步枪子弹，原定每月供800万粒，如约交付者只有一年，过后屡催不交，或交少数。向蒋委员长交涉，曾下手令嘱交，亦领不足，迄今已8个月无交一粒。自抗战以来，未有交我一支步枪、一粒大炮子弹，其他可以想见。如君不信，见蒋委员长时可问是否属实。①

---

① 夏蒙，《第一公民陈嘉庚传》，中国友谊出版社，2013。

陈嘉庚心细如发，很注意观察细节。他知道陕北多山少水，罕有大米，但他却每餐都能吃上大米，这让他过意不去。有一天，毛泽东来看望陈嘉庚，陪他吃过晚饭后，问明寿科长的住处，径往寿科长的窑洞走去。他以为毛泽东只是进去寒暄几句就会出来，过了半个钟头出门观望，还不见毛泽东出门，不免十分感慨："时近十点钟，洞外晚风寒冷，余乃入洞安眠，不知毛君至何时回去。以一省之科长，毛主席竟与之长谈若是，足见其虚怀若谷也。"①

在朱德陪同参观延安抗大时，正遇上师生篮球比赛。见朱总司令亲自来观战，学生与观众一点都不感到奇怪，并无一人起来敬礼。一位学员还冲朱德大喊："总司令来一场！总司令来一场！"全场也跟着起哄。朱德真的脱去外衣，与学员们上场打起了比赛。

在延安九天，陈嘉庚明察暗访，尤其是很注意向那些学生了解情况，并亲自走上街头，深入市场，了解中共及边区政府政策。他向来反对政府与民争利，见延安商店大多数为私人经营，与政府无关，边区农民土地亦私有，赋税不重，无失业游民，无盗贼乞丐，县长民选，官员贪污予以严惩，他甚为满意。他发现延安的人们坐谈起居，自然有序，男女同坐，无人敢戏言妄语。如有互相恋爱，可自由结婚，只需向政府有关部门签押注册即可。陈嘉庚由是感觉到延安政治的清明。

告别延安时，陈嘉庚希望能为随行人员的治疗支付一些费用，也希望按海外惯例付些小费给那些服务人员，但都被婉言谢绝。为李、侯二位治病的傅连暲大夫，是延安中央医院院长，又是福建龙岩人。陈嘉庚对这位因悲悯红军缺医少药，遂举家跟随红军长征的前教会医院院长感佩有加，

---

① 陈嘉庚，《南侨回忆录》，《毛主席与寿科长》，中国华侨出版社，2014。

| 陈嘉庚的故事 |

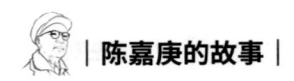

详细了解了他的工资收入与工作待遇。傅连暲说,自己的工资是最高的,每月32元,而毛泽东的工资每月仅5元。

在延安九天的时间,陈嘉庚感觉他发现了一个新大陆,这是一个与重庆完全不同的世界。

8
保卫新加坡

离开延安，陈嘉庚先后来到了山西、河南、四川、重庆，与阎锡山、卫立煌、李宗仁等国民党高级将领见面。随后，他开启了自己的西南之旅，先后来到了云南、贵州、广西、江西，最终来到了自己的家乡福建省。1940年10月30日，他再次回到了阔别已久的家乡集美。陈嘉庚回想此次回国的所见所闻，望着家乡的高山、自己捐资兴办的集美学校，不禁悲从中来。

他对随行的侯西反、李铁民说："望见集美校舍，恐是此生最后一次。"二人惊问何故，陈嘉庚回答："陈仪祸闽，如不改善或去职，余当然攻击到底，安能回梓？"怕他们不解，陈嘉庚又补充道："战争胜利后，国民党握政权，苛政虐民，上下争利，余亦不能缄口坐视，余势必极力反对，如此党人亦不能容，余何能回梓？"

离开福建，经蒋介石同意，陈嘉庚开始了视察滇缅运输之旅。他致电蒋介石，除了表示感谢意外，也顺便向蒋介石辞行。他又"再尽最后之忠告"，恳请蒋介石关心闽省苛政与闽民惨况，取消统制运输以改善民生。

从缅甸经马六甲、麻坡等地短暂停留，陈嘉庚回到了新加坡。他应邀进行了演讲，向侨胞们介绍回国慰劳之旅的见闻。一方面，他断言抗战必将取得最后的胜利；另一方面，他也痛陈回国所见的种种弊端，并不讳言他对共产党的好感。

即便回到新加坡的时候已经是傍晚,旅途疲劳,陈嘉庚还是接受了记者采访,回答了记者提出的几个问题:国共合作不至破裂;国民参政会不过形式而已,53名国民参政员联名控孔祥熙贪污舞弊,无功而返;滇缅路乱象横生,腐化如前,绝无改善迹象。

1941年3月29日,因陈嘉庚等人回国慰问等原因推迟的南侨总会第一次会员代表大会在新加坡举行。这次会议的一项重要议程是选举南侨总会主席。由于陈嘉庚对国民党的种种弊政批评甚多,引起了国民党的不满。重庆驻新加坡领事高凌百在南侨总会开会前与开会时多次攻击陈嘉庚,理由诸如"无诚意拥护中央""口是心非""无党无派是倒行逆施"等等,但是与会大多数人根本不理会他对陈嘉庚的攻击,反而是坚决拥护。

虽然大会召开前,陈嘉庚曾在《南洋商报》等各大报纸刊登了启事,郑重宣布不愿参加南侨总会的第二次选举工作,但由于在各个华侨团体、国内以及华侨中间的极高威望,3月31日下午进行的正式选举中,陈嘉庚得到了151名代表的一致选票,要知道,与会的代表总共是152名,也就是说除了陈嘉庚自己,所有的代表均投票给了他。庄西言、杨启泰当选副主席。投票结果宣布之后,全场掌声雷动,欢呼四起,大会圆满落幕。

此时,战争的危险正在迫近陈嘉庚所在的新加坡。

1941年12月8日凌晨四点,住在怡和轩俱乐部的陈嘉庚被几声巨大的爆炸声惊醒,开始他还以为这是雷声,连忙起身到窗前察看,这时又一声巨响,陈嘉庚清楚地看见了爆炸的火光,四周响起了急促的警笛声。陈嘉庚意识到,这是日本人向新加坡发动了进攻。

陈嘉庚知道,日本进攻新加坡,就是对英国人的进攻。一方面英国人在新加坡经营多年,这里是大英帝国经营东南亚殖民地的桥头堡,不能轻易放弃，另一方面日本人对英国人的进攻，使得中国的抗战也不再孤立。由于德国在西线战场的进攻态势已经明显减弱，因此为了应对日本人南侵的企图，丘吉尔决定派遣"威尔士亲王"号战列舰、"反击"号战列巡洋舰和护航舰只组成新太平洋舰队奔赴东南亚。加上马来半岛和新加坡陆军部队共有8.8万人，由英国、澳大利亚、印度和马来军组成，也有一定的军事实力。

日本帝国主义的侵略野心陈嘉庚早就看清了，当1940年率领南侨慰劳团回国慰问，路径缅甸，他就在演说中预言，日本将对其他亚洲邻国发动侵略战争，最大限度地抢夺资源。他知道东南亚诸国对于英国人的价值，也相信英国会尽全力保护他们在这里的利益，与日本人开战。他准确地预见到了战争的形势，但他确实没有想到英国人如此不堪一击。

12月12日晚间，正在怡和轩俱乐部办公的陈嘉庚，接到新加坡华民政务司署帮办孙崇瑜电话，告知伦敦已经宣布，前天晚上发生了一起不幸的事件，英军的两艘主力战舰"威尔士亲王"号与"反击"号战列舰被日军击沉。接下来几天，坏消息一个接一个传来，日军从泰国出发，骑自行车进入马来西亚，从英军的背后发起进攻，海军陆战队也登陆抢占了沿海的一些重要战略目标。英国人慌忙炸毁了马来西亚柔佛通往新加坡的海上长堤，使新加坡成为一座真正的孤岛。

英国人想在新加坡修筑大量的防空壕，但人心惶惶的民众如何能被动员起来呢？他们想到了陈嘉庚的南侨总会，让陈嘉庚出面帮他们动员民众。在陈嘉庚的号召下，各华侨社团迅速行动起来，动员民众在房前屋后开掘防空壕，只用了不到一星期的时间就完成了任务。

但是陈嘉庚从各个方面得到的报告表示，英国人暗中在销毁银行债券

| 陈嘉庚的故事 |

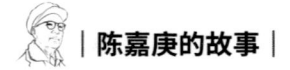

及许多档案资料,这是撤退的准备工作,英国人却隐瞒了真相,他们还派了公安局长和当地一位国民党要员来找陈嘉庚,希望他能出面对华侨进行总动员,参与英军对日军的抵抗。

面对英国人提出的请求,陈嘉庚认真地接受了这项工作。他也向英国当局提出释放政治犯,准许因从事政治活动而被驱逐出境的华侨返回新加坡。英国的汤玛士总督破例开放总督府召开了动员大会,在开场白中,他说道:"昨天贵国蒋委员长亲自来电,令华侨共同努力,协助我们工作。我宣布,今后凡华侨应合作事项,都委托给陈嘉庚,由他来领导一切,凡各社团、报界、侨生等均须服从。"

陈嘉庚明白英国人在大敌当前的情形下,显然是准备放弃新加坡,却想让华侨来独立支撑危局,为他们赢得撤退的时间。汤玛士说完后,陈嘉庚致辞表示华人向来未参与军警活动,现在要让华人在军事上协助政府是有困难的,既然总督命令他出面领导华人从事抗敌活动,他如能办到,当竭诚奉行。

陈嘉庚虽然不卑不亢,但刚被释放的马共党员耶鲁等态度十分激进,要求动员华侨民众武装起来抵抗日军的侵略。在随后召开的华侨大会上,陈嘉庚被推举为新加坡华侨抗敌后援会主席。虽然他反对武装民众,认为在英国尚有10万正规军人的情况下,不应该让没有丝毫军事经验的年轻华人去冒险,但是耶鲁等人的激进主张还是得到了许多与会者的支持,在会后组成了有三千多人参加的"新加坡华人抗日义勇军"。

1942年1月30日,陈嘉庚得到可靠消息,早已加紧将侨民撤回本土的英国已经将全部妇女儿童安全撤离了新加坡,并开始将大量贵重物资装船运走,就连部署在城区繁华地带的高射炮也一夜之间全部撤除。新加坡的华人仍然被蒙在鼓里。

陈嘉庚带了几名抗敌后援会成员去见汤玛士总督,汤玛士只是敷衍,不肯说实话。同去面见总督的叶玉堆直言问道:"重庆蒋委员长是不是来电要求撤离领事馆人员及所派官员?"汤玛士承认有这回事。叶又问:"来电是否提及各位侨领的撤离问题?"汤玛士实言相告:"没有。"

陈嘉庚明白了,重庆政府对他们这些坚决支持祖国抗战,却不肯和腐败政治同流合污的侨领心怀不满,英国人也没有对华人侨领的安全做出任何承诺。他们有了一种被抛弃的感觉。

这时的情况愈发危急。两天后,日军占领了与新加坡一海之隔的柔佛。英国人不得不炸断柔佛与新加坡之间的海上大桥,但这时英国人还在给新加坡这个弥漫着绝望气息的孤岛上的华侨民众发放枪支弹药,让他们开往前线。陈嘉庚十分气愤:"此等'乌合之众',绝对无丝毫效力,而英兵至少尚有五七万人,何须派此绝未训练之华人往前线?不但此一千人将就死地,敌人入境必因此多杀许多华侨。英政府此举最为狡猾残忍,实可痛心。"

事情的发展果然如陈嘉庚所料,这些华侨青年被匆忙武装起来派往最前线,守卫在柔佛海堤面向日军的海岸线上。在"保卫星洲""为祖国开辟第二战场"的口号下,这些华侨青年在几名共产党人领导下视死如归,与入侵日军进行激战,直到十万英军投降,仍有许多华侨青年转入丛林与日军继续战斗,为反法西斯战争流尽了最后一滴血。

陈嘉庚在处理完南侨总会的各项事务,安排好工作人员的退路之后,决意离开新加坡。

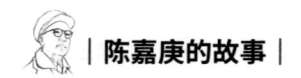

9
避难爪哇

1942年2月3日,天刚蒙蒙亮,陈嘉庚与几名随从登上好友的小火轮,离开了新加坡。没有来得及和家人告别,没有来得及带走一件行李,只随身携带了2000坡币就匆匆离开了。

他的逃亡之路异常惊险。

1942年2月4日,陈嘉庚一行抵达印尼苏门答腊淡美那汉,却未能马上获准入境,直到十几天后才在印尼各埠侨领努力下,获准前往巨港。当他们换乘汽车即将到达巨港时,守卫在路边的荷兰军人告诉他们巨港已经沦陷日军之手,他们只能原路折返直务埠。正在这时,新加坡也传来坏消息,日军已经入侵,英军驻新加坡总司令白思华已经亲自签署投降书,率十万英军投降。

陈嘉庚很不理解十万英军为什么会在六万入侵的日军面前不战而降,但他后来得知,荷兰军队还不如英军,日军还不知道在哪里,荷兰军队和公务人员就惊慌失措,望风而逃。巨港是沦陷在日本一小队伞兵手中,而一万多装备精良的荷兰军队竟未放一枪就逃得无影无踪。

陈嘉庚在前往爪哇岛的路上得到了厦大、集美校友和当地侨领的帮助,却也从荷兰军人和公务员那里得到了屈辱的经历。荷兰人非常自私,他们不仅把渡船上的舱位全部占领,供逃跑的荷兰军队及公务员使用,而且在航行途中,连食物也不愿提供给中国人,他们平时在印尼对中国人的

1937-1945年：投身抗战 | 第三章

态度可想而知。

陈嘉庚到达的爪哇岛也并非久留之地。他刚到此没多久日军就登陆了，并四处搜捕抗日华侨。陈嘉庚躲藏在一位陈姓华侨的橡胶园内，设法与关系密切的庄西言取得了联系。陈嘉庚原想对抵达吧城的消息严加保密，但这里的侨领们知道他的到来，都赶来相见并热情招待。没过几天，庄西言的弟弟就带来了日本宪兵司令部的信件，日军命令庄西言迅速赶往吧城。庄西言不知是吉是凶，将三个孩子留在陈嘉庚身边，只身前往。陈嘉庚在他临行前叫住他，很认真地对他说："如果敌人知道我在你这里躲藏，你不必避讳，就实话实说。"

庄西言知道陈嘉庚是怕连累自己，心中十分感动，两人紧紧握手相别。十几天后，陈嘉庚接到庄西言电话，知道日军没把他怎样，心里的石头才算落了地。吧城显然是不能再待了。

陈嘉庚刚一离开吧城，就得知了庄西言已被日军逮捕，他不禁为这位老朋友捏了一把汗。

在几名校友的护送下，陈嘉庚从吧城辗转前往了泗水、日惹，最后到达梭罗。沿途所到之处，到处可见日军把守着交通要道盘查过往的旅客。在梭罗，厦大集美校友会主席林清芬和校友林翠锦、林胜津、陈明津、黄丹季等已经做了周密的安排：他们事先伪造登记了"李文雪"的户口，租下了华侨郭河东的房子，让林翠锦夫妇、郭应麟、黄丹季等人和陈嘉庚住在一起。从户口上看这个叫李文雪的人在战前就已经迁居爪哇岛，并在泗水住了五年。校友们还为陈嘉庚拍照，并向日本占领军交钱使陈嘉庚得到了一张"李文雪"的身份证。直到这时，校友们才稍觉宽心，但还是不敢轻易让陈嘉庚先生出门，因为他的名气实在太大，许多人都在报纸上见过

| 陈嘉庚的故事 |

他的照片。

几个月后，有一天陈嘉庚从一棵树下经过，头上忽然掉落了一只蛆虫，抬头一看，原来是一只脚上绑着绳索的鹧鸪死在了树上，已经腐烂发臭。陈嘉庚认为这是一个不祥之兆，于是与黄丹季商量搬家。黄丹季曾在梭罗东边不远的山城玛琅开过家具作坊，对那里情况比较熟悉，建议陈嘉庚迁往玛琅，陈嘉庚同意了。

但玛琅的情况也没有想象的那么安全，可能日本人也得到了什么情报，黄丹季等人刚护送陈嘉庚到玛琅，就遇到日军大搜查，目标正是陈嘉庚。众人都为陈嘉庚的安危而焦虑。日本宪兵没有找到他，却抓捕了一位叫陈文祺的老华侨，关了几天之后又放掉了。但这已经足以让黄丹季等人日夜为陈嘉庚先生的安全担惊受怕。

一天清晨，天还未亮，忽然有一辆日军的卡车开来，车上跳下一群日本兵，把陈嘉庚居住的屋子团团围住。陪同陈嘉庚住在这里的黄丹季只好硬着头皮把门打开，日本兵冲进来指着黄丹季凶狠地大喊："荷兰人！荷兰人！"黄丹季不知日本兵是何用意，这时有人用印尼话说："错了，不是4号屋，是2号屋。"日本兵这才又冲向隔壁的院子。原来这些日本兵是来逮捕隔壁的荷兰军医的，黄丹季吓出一身冷汗。

过了一段时间，对面的房屋却搬来了一名日本宪兵队副队长。考虑到陈嘉庚的安全，不得不再次搬家。几经辗转，最后迁往距离玛琅不远的华侨李荣坤家中安顿下来。在这里，陈嘉庚依旧化名李文雪，与李荣坤的母亲、妻子和两个孩子住在一起，俨然是其乐融融的一家人。

万万没想到，过了一段时间，日本人也看上了这个地方，在李荣坤家附近建起了一座日军疗养所。学生们考虑到他的安全，力劝陈嘉庚搬家，

· 70 ·

为他找了几公里外另一处比较安静的住处。这是一所荷兰人的旧宅，环境清幽，建筑十分考究。陈嘉庚对这里的环境非常满意。他不无自嘲地写道：卜居此地，虽王侯亦不过如此。我平生未尝过别墅生活，当此国难之际，又兼亡命之时，如此享受，未免太过分乎。

又过了半年，平安无事，多少让陈嘉庚放松了警惕。一天早上，黄丹季陪同陈嘉庚外出散步。怕路上碰到熟人有所不便，每次散步他总是与陈嘉庚保持十多步远的距离。途径一座有日本人站岗的大厦时，陈嘉庚昂首而过，惹恼了日本人。日军有一规矩，凡经过有膏药旗的岗哨，不管有无日本兵，行人必须向膏药旗行90度鞠躬礼。见陈嘉庚没有弯腰鞠躬，日本兵马上追出，欲殴打陈嘉庚。黄丹季连忙从后面赶上来解释，说老先生眼花看不见，那日本兵就把一肚子气撒向黄丹季，将他暴打了一顿。

黄丹季怕出意外，从此不敢轻易再让陈嘉庚外出，为了让他知道外边的消息，每天都买些报纸送去给他看看。陈嘉庚对外界消息非常敏感，当他知道1945年4月日本小矶内阁倒台，79岁的海军上将玲木继任首相后，他就认为日本气数已尽。日本向来是陆军掌握大权，如此年迈的海军将领出任首相，可见别无选择。5月，德国宣布无条件投降，陈嘉庚认为日本投降指日可待。

8月14日，有人向陈嘉庚报告，日本天皇已经通过广播发布《停战诏书》。果然第二天日本宣布无条件投降。陈嘉庚得知这一消息，肃立良久，这是他早就料到的结局，但是当这一消息真的成为现实时，他的内心久久无法平静。

集美、厦大两校在当地的校友闻风而动，大家簇拥在陈嘉庚周围，筹划让他尽快返回新加坡。陈嘉庚的逃亡生涯即将结束。

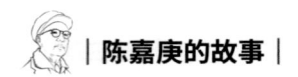

10 《南侨回忆录》

在玛琅的生活是陈嘉庚一生中少有的安闲时光。这里是一座山城,风景秀丽,气候宜人,也有黄丹季等校友殷勤照料饮食起居,陈嘉庚甚至觉得这里的生活比在新加坡时更好。

但这样的悠闲日子他也过不习惯,每日独坐静思,不免时时回忆往事。这一年他已70岁,是中国人说的古稀之年。回忆半个多世纪风雨沧桑,往事历历在目,过去因为忙于事务,就是想到一些重要的事情也无暇记录,这时他决定动笔写回忆录,特别是希望将抗战以来华侨华人的爱国热情与许多事迹记载下来,"庶不致误以为我国有史以来所未有之危险期间,海外南洋千万人之华侨,尚坦然置之度外而忘其祖国也。"

在《南侨回忆录》中,陈嘉庚说出了写作的目的:

"余天资素钝,九岁入私塾,十七岁夏塾师谢世,辍学出洋。时已有简单之日报,余仅一知半解。在洋就商之后,对学问事不知求益,抱憾不少。而生平志趣,自二十岁时,对乡党祠堂、私塾及社会义务诸事,颇具热心,出乎生性之自然,绝非被动勉强者。念无甚成绩可纪,故生平未尝记载。此回忆录盖原为纪念华侨参加抗敌而作。我国此次国难,为有史以来所未有,南洋千万华侨,对祖国之贡献如何,不但今时国内外多未详知,而此后必更销声灭迹矣。抗战胜利后,我国史书即有记载,亦不过略提海外华侨曾捐助慈善救济费若干已耳。至于我南侨如何辛苦募捐,同仇敌气,抵制敌货,严惩奸商,牺牲苦干,数年如一日,以及祖国战时所需金钱与华侨有如何密切关系,当然无由得知;而后人或难免以为当国家存亡关头,千万华侨不思回国报效,尚在海外逍遥也。余忝任南侨总会主席,所居新加坡为南洋最重要商埠,且曾回国慰劳,对国内政府及战区官长多有接触,对南洋各属侨胞筹款会,更有往来,所以知之甚稔。自新加坡失陷,避匿爪哇,闲暇无事,乃思写此《回忆录》,不但使海内外同胞知南侨对抗战之努力,以及对祖国战时经济之关系,亦可免后人对今日侨胞之误解也。为记述南侨对抗战之工作,故并余以前些少服务社会之事及南侨概况约略记之。书末复附《个人企业追记》一篇。全书计三十万言,最大部分为记录南侨襄助祖国抗战工作,次则为余服务社会之经过,再次为个人以前之营业状况。所以补记个人之事,则因先有营业而后能服务社会,继而后得领导南侨襄助抗战工作也。要之余书虽属记载性质,而材料亦甚繁多,然其中固有一贯之根本意见、非杂凑而成书。兹请撮其要点,申述于此,以作导论。

祖国前受制于清,政治腐败,国弱民贫。迨光复后军阀专横,官僚贪污,农村破产,百业落后。日本乘危打劫侵占东四省,继将进面并吞华北各省。幸英国派员助改币制,统一财政。然所有国内白银,多被政府没收,输往外国,而代以纸币,复于数年间发出巨额公债票。唯因外强中干,债票在市面价值仅五六成而已。政府财政之困穷,社会民众之贫苦,毋庸多赘。"

1944年4月,近40万字的《南侨回忆录》脱稿,这让他欣慰莫名。从不写诗的陈嘉庚忍不住也赋诗一首表达自己的心情,其中有这样的句子:

| **陈嘉庚的故事** |

爪哇避匿已两年，潜踪难保长秘密。

何时不幸被俘虏，抵死无颜诒事敌。

回检平生公与私，尚无罪迹污清白。

冥冥吉凶如有定，付之天命惧奚益。

第四章

1945-1949 年：
为新中国的诞生
而奋斗

1 威望空前的华侨领袖

1945年8月15日,日本无条件投降。陈嘉庚于10月1日启程,经泗水、吧城,于6日重返新加坡,在海内外引起了极大轰动。新加坡中华总商会组成一个委员会,专门办理陈嘉庚归来的庆祝事宜。

相比较欢迎活动,陈嘉庚更关心各种与海外华侨息息相关的政治问题。在抗日战争前,驱动他关心政治问题的是近代中国所受的种种屈辱与人民所受的苦难,那么在战后则更多的是一种为捍卫国家统一、民族独立、华人尊严而采取的自觉行动。现在,他的视野更为开阔,对国际政治也有了更多的参与意识。

陈嘉庚在离开吧城前发布的《南侨总会第一号通告》,显示出了他对华侨地位、待遇等方面的高度重视。他在通告中历数东南亚侨胞在战争中遭受的苦难,同时也指出海外侨胞应一改"前昔泛散","此后应有团结组织,亲爱互助,协力同心","克复前业,效力建国,实践侨民天职"。他在通告中号召:"至于侨胞惨被抵扣酷刑虐杀,迫取金钻,掠劫财务,应当严惩报复,及请追回,或求赔偿。各处侨领宜速组调查委员会,呈请中外政府,务期达到目的,此为战后侨胞首要之任务也。"[1]

这是海外侨胞提出对日索赔的第一份文件。陈嘉庚是一位行事果断,

---

[1] 林斯丰,《陈嘉庚对中华民族抗日战争的重大历史贡献》,集美大学学报(哲学社会科学版),2015。

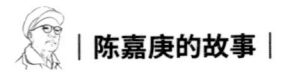

效率极高的人。此后不到两周，他即召集有关社团开会，商讨组织调查委员会，调查敌寇占领期间华侨生命财产的损失，限年底前完成。紧接着，陈嘉庚又主持发布了《南侨总会第二号通告》，敦促马来西亚等地各华侨社团也照此办理。

陈嘉庚也为所有的海外华侨争取更多的政治权益及平等待遇。他离开印尼返回新加坡的第一件事，就是以华侨领袖的名义起草电文，发给刚刚宣布独立的印度尼西亚共和国总统苏加诺先生。他在电文中对苏加诺领导的印尼政府和人民对华侨的友好态度表示感谢，并指出"唯目前苏门答腊有若干地方，中华与印度尼西亚两民族间感情尚未融洽。鄙人以华侨领袖名义，已通知该地华人，务须与当地印度尼西亚人保持最密切之友好关系，兹请足下对各地印度尼西亚人亦作同样的通知，以期中华与印度尼西亚两民族间之睦谊愈益增进"。

经过一段时间的紧张筹备，新加坡五百余华侨社团联合举行欢迎大会，欢迎陈嘉庚平安归来。此举也显示了新加坡各侨团在战后的空前团结，陈嘉庚在华侨社会中的威望达到了空前的高度。

陈嘉庚平安归来的消息也在中国国内引起巨大的反响。在重庆的厦大和集美校友，借重庆大学发起召开"陈嘉庚先生安全庆祝大会"。当天到会者多达五百余人，大会主席为邵力子。郭沫若、柳亚子、沈钧儒、陶行知都参加了，国民政府海外部官员等也来参加了。会场上悬挂各方所赠条幅，冯玉祥一言"丘八体"特别为人们津津乐道："陈先生，即嘉庚，对人好，谋国忠，一言一动皆大公，闻已返旧居，远道得讯喜难名。"几位共产党人所赠的条幅也都摆放在显眼位置。

郭沫若代表文协发表演讲说："陈嘉庚先生是诚实公正的人，能为老百姓多说几句诚实公正的话。我们人民要求安居乐业，水够深，火够热，我们决不容许再使水加深，再使火加热。陈先生现在是在庆祝个人的安全，同时正在忧虑全国人民的安全呢！我以衷心来庆祝他们健康，庆祝全中国人民自己免掉内战的健康！"

郭沫若的话几次被掌声所打断，柳亚子还提议尽快请陈嘉庚先生来重庆参加政治协商会议，以制止内战。最后，大会向陈嘉庚先生发出了致敬电："暴敌投降，公苾星岛，消息传来，万众欢胜。顷由十团体发起庆祝大会，本月十八日举行，贺词满壁，到者盈门，会上公决，奉电致敬，祝公康强，为国宣力，和平永莫，端横老成，盼赋归，群情所企，海天万里，无任神驰……"①

---

① 林卫国,《陈嘉庚在"二战"中的避难经历》,党史文汇,2015。

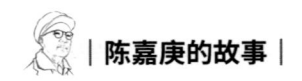

2 "独裁贪污者必倒"（一）

抗战虽然胜利，但内战的阴云涌动不已。陈嘉庚坚决地与国内的和平民主人士站在一起，他对时局有极强的洞察力，对国际政治走向有很强的预见性。

国共签署《双十协定》，许多人认为这是中国和平民主的希望。陈嘉庚对此却并不乐观。毛泽东赴重庆谈判，陈嘉庚曾致电周恩来，言与国民党和谈无异与虎谋皮。按《双十协定》所召开的政治协商会议，他也不看好，认为那不过是昙花一现。新加坡《新民主报》来请他为报纸题写新年献词，他竟然题写了"政协民主，与虎谋皮"八个字交给该报编辑。这让报社十分为难，不得已去找南侨总会秘书李铁民，由李铁民代拟了"还政于民，谋皮于虎，蜀道如天，忧心如捣"交陈嘉庚过目后换回了原先的题词。

回到新加坡后不久，陈嘉庚即在百忙中修订完《南侨回忆录》交由出版社出版。由于这部书对国内政治和当时的党国要人多有批评之语，他担心这部书在国内出版时会遭人篡改，特在版权页上作特别声明：中国境内任人翻印发售，但切勿增减改易及运销南洋。

1945年8月14日，国民政府代表王世杰和苏联政府代表莫洛托夫在莫斯科秘密签订《中苏友好同盟条约》。同时还签订了将原中东铁路和南满铁路改为长春铁路，归中苏两国共同所有，由两国共同经营的《中苏关于中国长春铁路之协定》；苏军当在日本投降后三个星期开始由中国撤离，并在三个月内撤完的《中苏关于苏军进入东三省之协定》；中国将大连港口工程及其设备的一半无偿租给苏联，租期为30年的《中苏关于大连协定》；中苏两国共同使用海军基地旅顺口，苏联有权在基地驻扎陆、海、空军的《中苏关于旅顺口协定》。两国政府还互换照会：苏联尊重中国在东三省主权及领土完整，如"外蒙"公民投票愿独立，中国政府当予承认等等。

这项协议令陈嘉庚大为不满，他在1946年2月21日主持发表了《南侨总会第八号通告》，对此提出严正声明：

"华侨为救国而牺牲金钱与生命，若能达到救国之目的，固无所悔恨。今者敌寇已失败，胜利已属我，然华侨牺牲救国之目的，是否果已到耶？本总会为爱国天责起见，不能缄默无言"，"外蒙古土地，大过两江闽粤四省，为我国西北藩篱，与内蒙满洲有唇齿关系，旅顺大连则为满洲门户。兹者藩篱已撤，唇亡齿寒，门户为强邻占据，东省内部，何能长保安全？虽以国弱乏力抵御，然如不承认，尚有国际机构可以投诉。目的纵未能达，久后终有收回之日。我国历史记载，祖宗之地，尺寸不得让人，反是则为国贼"。陈嘉庚继而痛呼："甲午战争败仅失台湾数万平方公里，今日战胜竟失去外蒙旅大加至十余倍之多，呜呼，战胜乎？战败乎？凡真诚爱国者视全国当如人之一身，拨一毛而知痛，何况去其股肱哉！"

陈嘉庚在《通告》最后指出："今日挽救之法，只有全国民众一致声明否认，指斥其非法授受，违背三民主义，破坏五族立国。对内则实践政归民主，奋志图强，庶可取消伪约，保全国土，方有胜利可言。本总会追念华侨生命财产损失之惨重，坚持达到抗战救国之目的，特此通告声明，永

| 陈嘉庚的故事 |

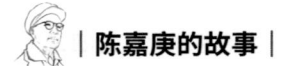

不承认中苏非法之条约及外蒙之割弃，此布。"

抗战胜利了，中国军队 20 万人进入越南受降，越南实际上为中国军队所控制，而法国却并不甘心失去其对越南的殖民统治，正谋划着卷土重来。陈嘉庚认为，从历史上看，越南应该是中国领土不可分割的一部分。为此，他撰写了《中国与安南》一文，从历史事实、地缘政治、国际关系、战后秩序等多方面论述他对于越南问题的看法。他在文中指出："就东亚而言，法属安南殖民地，应归还中国，或为中国之自治领土，最低限度亦当使之独立，其他香港、澳门等小部分之地，更无问题。至安南关系东亚之和平之重大"。该文篇末还有《附列中国与安南在历史上之关系》，并附录《百年来我国领土及主权之损失一览》。作为长期身居海外的华侨，对百年来国土沦陷、山河破碎之情形，陈嘉庚更有切肤之痛，他多么希望战后的中国能在重建国际新秩序的过程中一雪百年耻辱，重振大国雄风啊！但他知道，蒋介石也好，国民政府也好，皆无法担当如此大任。他直言："如重庆中央政府要赢得海外侨胞和世界的信仰，必须清除所有依法腐化的官僚"，"美国必须放弃支持国民党，而苏俄也要放弃支持中共。同时，苏俄和美国必须将他们的武装部队迅速撤出中国，让国共两党达到妥协，自己来解决未来政府问题"。①

国民政府的财政政策也让陈嘉庚深感担忧，他或许是最早预见到国民政府财政必将破产的人："一个财政大危机就迫在眉睫，眼下我国货币与美金的比率一天天降低，不久的将来，恐怕愈没有价值，因为中央政府继续发行大量钞票，借以维持大量军队。"

---

① 《星州日报》1946 年 3 月 12 日；《南洋商报》1946 年 3 月 13 日。

3
"独裁贪污者必倒"（二）

国民政府在抗战胜利后的许多做法让陈嘉庚十分不满。因抗战胜利威信大增的蒋介石踌躇满志，对陈嘉庚等华侨领袖提出的许多意见和建议视而不见。陈嘉庚的不满情绪终于因为华侨机工的遣返问题而爆发。

由南侨总会动员回国参加抗战的南侨机工，自 1942 年滇缅公路被切断后，生活即陷入困顿。国民政府将这些不远千万里回国参加抗战并屡建功勋的南侨机工干脆遣散了事。许多机工成为无业游民。当时，南洋业已沦陷，侨汇也已中断，机工们有家难归，生活无着，有的机工在贫病交加中悲惨死去，而国民政府无一部门过问此事。当时陈嘉庚避难爪哇岛，与外界隔绝，对此状况一无所知。抗战胜利后，南侨机工纷纷要求返回各自侨居国与亲人团聚，但国民政府别有用心地将这些南侨机工困于昆明，使他们无法南返。陈嘉庚忍无可忍，在吉隆坡召开"支援南侨机工复员大会"，声援机工们要求复员的正当诉求。仅此陈嘉庚仍觉得不够，分别致电国民政府有关部门和官员要求尽快让机工复员返家。在陈嘉庚和南侨总会侨领的不懈努力与抗争之下，南侨机工终于摆脱困境，得以南返。

在与国民政府交涉时，陈嘉庚一针见血地指出了南侨机工不能复员的实质，是有人还想利用这些南侨机工为打内战作准备。他不想让这些南侨机工成为内战的炮灰。

1941 年 6 月，陈嘉庚应邀出席中国民主同盟雪兰莪分部为他举行的欢

| 陈嘉庚的故事 |

迎茶话会，他在致辞中对长期思考的政治问题作了一番热情的演讲。他认为世界的政治潮流无非三种：独裁、共产、民主。"中国岂能跟着向独裁政治路线上跑？要跑这条路，就只有没落、灭亡……共产主义本身无可厚非，共产主义有其特殊优点和价值，实不容否认，问题是在我们中国如果仿效苏联，实行共产主义是否适合？是否能够成功？因为我们情形特殊，人民知识水准低下，我认为中国现在还不能实行共产主义，我们尚需多多学习，才能跟得上。"他进而指出："我认为中国当前最适合的政治路线只有一条——民主。民主运动已经长足发展，中国民主同盟在这方面积极努力推动，指示出这是当前一条最正确，最光明，最伟大的路线。"①

1946年8月10日上午，马歇尔和司徒雷登诱迫中共代表接受蒋介石的五项条件。周恩来坚决予以拒绝。同日下午，马歇尔和司徒雷登发表联合声明，承认"调处"失败。但在公开谈判之现状和症结问题上为蒋介石辩护，蒋介石也发表《告全国同胞书》。实际上，早在两个月前，蒋介石就命令刘峙指挥10个整编师，向中原地区的解放军发动了大规模进攻，挑起了国共内战。

陈嘉庚就此接受《现代日报》记者采访，断言内战"不必五年，最多三年，独裁贪污者必倒，民主派必胜利"。让人感到惊奇的是，陈嘉庚对共产党必胜以及内战进程的预言，准确性惊人。随着内战的爆发，陈嘉庚也不再保持中立，他选择了公开站在中国共产党人一边。陈嘉庚认为，蒋介石敢于发动内战，是因为有美国的经济援助和军事上的帮助，为此他以南侨总会主席的名义致电美国总统杜鲁门、美国参众两院、美国驻华特使马歇尔、美国驻华大使司徒雷登批评美国政府的中国政策："贵国传统政

---

① 《南洋商报》1946年6月20日。见《陈嘉庚年谱》第183页，福建人民出版社1986年版。

策,对各国人民公允友爱,不事侵略,信誉昭然;今乃一反其道,竟多方援助贪污独裁之蒋政府,以助长中国内战。长此以往,中国将视美国为日本第二。此于中美两国人民之感情,大有损害","本人代表南洋一千万华侨,特向贵国呼吁,请顾全国际信誉,以日本为前车之鉴,勿再误信武力可灭公理,好谋可欺上帝;望迅速改变对华政策,撤回驻华海陆空军及一切武器,不再援助蒋政府,以使中国内战得以终止,人民痛苦可以减少"。陈嘉庚给美国政要的电文,经路透社、合众国际社公布后,立刻在海内外引起轩然大波。当时海外华文报纸,多为国民党人所控制。这些报刊首先向陈嘉庚先生发难,公然对陈嘉庚先生进行攻击谩骂。连一向保持中立的《南洋商报》也站在国民政府的立场对陈嘉庚进行攻击。新、马华侨社会的"反陈派"和"拥陈派"之间展开了激烈的口诛笔伐。

开始,反陈派与拥陈派还是势均力敌,但李公朴、闻一多被暗杀事件在海内外引起的反独裁、争民主运动持续高涨之后,这种支持与拥护的均势便打破了。9月16日,民盟新加坡分部、教师公会等十多个团体举行华侨追悼李公朴、闻一多和陶行知大会,陈嘉庚应邀到会演讲。他认为李公朴、闻一多、陶行知都是为反内战,奉行孙总理民主政治运动而牺牲,系当然之事,"若以余愚见,抗战后欲废除独裁,实行民非再流血,决不能达到"。

9月27日,新加坡各界二百多个华侨团体举行盛大集会,拥护陈嘉庚通电,并决定成立"新加坡华侨促进祖国和平民主联合会",力挺陈嘉庚提出的主张。

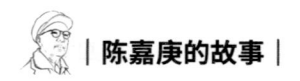

4 《南侨日报》（一）

新加坡华侨促进祖国和平民主联合会的成立，说明主张和平与民主力量的华侨力量是非常强大的。但是南洋地区大部分社团和舆论工具，是掌握在国民党及其代理人手里。他们还不断地挑拨离间、制造事端、歪曲真相、扰乱视听，甚至不择手段地对陈嘉庚进行造谣污蔑和人身攻击。加上国内战局仍在急速发展，在一些中间人士看来，战争胜负还有待见分晓。鉴于此，新加坡华侨文化界中一些著名的民主进步人士认为急需筹办一份大型华文报纸，并以它为阵地，团结海外广大华侨，为坚持民主进步和反对专制独裁，为促进祖国新生和维护华侨利益而发挥舆论威力。

主张办报的同事们深切感到，在海外要办好一份大型报刊，已非易事；要办成质量高、影响大、能吸引广大华侨的报纸更是艰巨。但为了祖国前途和华侨利益，他们心甘情愿做出牺牲，不计报酬，不计时间。

他们行动的第一步是将办报意图和设想作为建议向爱国侨领陈嘉庚报告。如果他也赞成和支持，事情就成功了一半，否则就难办。陈嘉庚目光远大又通情达理，他深知南洋社会之复杂，在南洋办事之艰辛，但他也理解同事们为和平民主而奋斗的志向和决心，经过共同分析和商讨，陈嘉庚终于赞同地说："那就动手办吧！"

陈嘉庚为了支持办报，他仍想方设法带头拿出 1 万元（占全部股金的四分之一）作为示范。张楚琨和高云览也相继拿出 9 万元，其他侨领，也和衷共济，积极投资认股，办报资金便迎刃而解。

办报必须有合适的地点和设备。经筹划，终于在新加坡闹市区觅得一座三层楼房（原是一家报社旧址，里面还附设有印刷厂），接着又购得一架新式卷筒机，至此，办报所需基本硬件齐备了。

要办好报纸，关键还要有一批有真才实学、办报经验的骨干。胡愈之是陈嘉庚的挚友，又是众所周知的出版界权威，由他出面组阁办报，尽可让陈老放心，报人心服，读者满意。报纸出版前夕，双方还商定：陈嘉庚领导报社董事会，胡愈之主管言论方针和编辑事务。如此分工，既科学明确，又合情合理。

办报还须高度重视发行，因为读者越多，影响越大。为此还组织了一个短小精悍的远征队，开上陈嘉庚提供的小车，奔赴新马城乡，向各地爱国侨领及社团组织、各界人士开展有声有色的宣传，目的是物色发行代理，推销报纸，聘请通讯员，建立通信与发行网络。工作中还及时提出"多增一个《南侨日报》读者，就是增加一分民主和平力量"的响亮口号。由于工作深入细致，广交朋友，此行收获甚丰，达到了预期目的，为报纸的广泛发行打下了良好的基础。

经过整整两个月紧张的筹备，一份高举民主和平旗帜的大型华文报纸——《南侨日报》于1946年11月21日正式与广大华侨读者见面。陈嘉庚任该报董事会主席，胡愈之任社长，张楚琨任总经理，李铁民任督印。陈嘉庚在创刊号上明确阐明办报宗旨："我爱国华侨本爱国真诚，求和平建设，兹故与各帮侨领，创立《南侨日报》，其目的在团结华侨，促进祖国之和平民主，俾内战早日停止，政治早日修明，国民幸福早日实现，以达到孙国父建国之主旨。"[①]

[①] 曾昭铎，《解放战争时期的陈嘉庚》，福建党史月刊，1997。

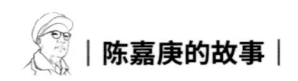

5
《南侨日报》（二）

陈嘉庚及胡愈之等人创办的《南侨日报》，一开始就以崭新的内容和版面呈现在广大读者面前，多样化的文章受到了广大读者的欢迎和信任。陈嘉庚为《南侨日报》撰写了一系列政论性文章，战斗性强，风格独特，具有以下与众不同的鲜明特点：

一是开门见山，直截了当。例如在《论美国救蒋必败》一文中，指出"弄枪者毙于枪，玩火者毙于火"，美国大量援蒋，既不能"挽救蒋政权之崩溃"，也达不到"贯彻美国侵略之目的"。接着，列举七点理由逐一论证。在1949年年初撰写的《蒋介石表示不要做总统》一文写道，"蒋介石表示不做总统无他，军事崩溃，人心离散，败局已成，无可挽救。美国既不能派兵助战，而第三次世界大战更属遥遥无期"，蒋氏在到处碰壁、走投无路之际，为自身打算，"惟有牺牲总统职位，以作日后之退步"。

二是针锋相对，寸土不让。在《蒋介石的最大错误》一文中，针对蒋介石曾自称在抗战那几年，"其最大错误，就是容忍共产党"。陈嘉庚反驳说："蒋介石处心积虑，谋消灭共产党，实较消灭日寇更为迫切。在抗战之前、初期、中期，以至抗战之后，蒋氏因无时无刻不作消灭共产党之想。然中共不但未见消灭，转且日益强大，以造成今日之局势，此非蒋氏不欲消灭中共，实则其力断不能消灭中共也。其所谓容忍中共，非出不得已，即属虚伪狡诈。则所谓错误更从何而来？"又如在《辩匪论》一文中，他运用对比法，说蒋政府口口声声"指中共为匪，共军为匪军，共党为匪党，内战为剿匪"。他反驳说："匪字解释为寇盗，强暴抢劫谓之寇，偷窃假冒谓之盗。"据他在延安的所见所闻，中共自中央首长到一般干部，"生活均简单朴素，与乡村平民无殊，公务员生活费用按定例供给，绝对不能别营私业，故无奢侈浪费，更无积蓄财产之可言"。反观国民党政府"十余年间，除浪费国内资产外，复寄存美国黄金若干万万元，此种巨富若非剥削民脂民膏，则系盗窃国库，否则从何而来？""以上各情，均为中共所无，独为蒋政府所有，乃反指中共为匪，国民党人若稍具天良，抚心自问，必能明白谁方是匪也。"

三是充分说理，以理服人。1948年8月国共大决战前夕，他的一篇《再论中国内战前途》的文章就明确指出："欲知国共将来谁胜谁败，在政治方面须视民众之背向；在军事方面，当视有生力量之消长。""至军事力量之消长，国军由400余万人减至210万人，共军130万人增至300余万人，今后两方有生力量，如照以前之速率消长，则内战胜败决定之时期，可以想见矣。"

由于陈嘉庚与全体报社同人的艰苦奋斗，广大爱国华侨的支持和爱护，《南侨日报》这块舆论阵地，旗帜鲜明，硕果累累。它从海外一方与国内进步力量遥相呼应，与人民解放战争进程紧密配合，为打倒蒋介石解放全中国，为加速人民革命战争的胜利做出了舆论上的特殊贡献。对此，中共中央给予很高荣誉。

陈嘉庚的故事

6
1948年怡和轩里的新年礼物

73岁的陈嘉庚就在这样纷纷扰扰的政治风雨中，迎来了1947年。

这一年的2月，陈嘉庚素来厌恶的国民党上将蒋鼎文在美国发表了一通谈话，声称蒋介石、毛泽东、陈嘉庚是中国三个最伟大的人物，若三人合作，中国就有希望。记者就此采访陈嘉庚，问他对蒋鼎文的谈话有何感想。陈嘉庚回答说："我虽年老，尚有自知之明，安敢与蒋、毛二公相提并论……蒋委员长与我绝对相反，我知之最深。毛主席与蒋委员长更大不相同。其为人言信行果，经纬才干，我国无出其右者。"[1]陈嘉庚接着评论蒋介石与毛泽东二人"思想互相参差，意见甚于水火，我早断协商无结果，内战难避免，虽有美国最新式武器之援助，大量物资之供给，蒋亦必终归失败"。

该专访发表没有几天，台湾爆发了"二二八事件"，这更让陈嘉庚看扁了蒋介石。他早预言陈仪是个无能之人：陈仪治台，下车不止二月，台民大为失望，指为狗去猪来，盖认为"日本为狗，陈仪为猪"。而"二二八事件"之后，蒋介石让吴铁城取代陈仪治台，只是"半斤对八两"。

陈嘉庚亲自撰文发表于《南侨日报》，抨击蒋政权。

1947年，国民党军队向山东和陕北解放区发动重点进攻，都遭到失

---
[1] 郑爱莲，《论嘉庚精神的丰富内涵》，集美大学学报（教育科学版），2008。

败。到这一年年底，国共双方的战略格局已经发生根本改变，攻防易手，国民党军队已经失去了战场上的主动权。

虽然远隔万里，陈嘉庚对国内的战事仍洞若观火。事实上，他比谁都更早预料到最后的结局。为了迎接1948年新年的到来，陈嘉庚公开在怡和轩俱乐部挂起了毛泽东的画像。

著名的辽沈、淮海、平津三大战役之后，国民党败局已定，解放中国胜利在望。胜利的喜悦在海内外进步人士心中激荡，陈嘉庚更是喜上眉梢。因为他始终认为，只要"我国政治能办好，华侨人人心理上之愉快，比之霎时获资数十万元，当更狂喜"[①]。何以言之？他说："国家政治不良，回国投资无路，故资本家不论其如何辛苦，积血汗资千百万元仍与祖国无丝毫利益关系，而在南洋将资本遗子孙，亦每每不逾一世而亡。"他又说："假如国家政治优良，儿女可受高尚教育，而己身投资祖国，机会尽多，中南航路畅通，故乡侨地，两可为家，随意而适，生前事业开拓，身后子孙贤能，令誉可以永保。"陈嘉庚的想法代表性强，言之亦合情合理。

---

① 李珍，《论陈嘉庚的爱国主义精神》，文化软实力，2016。

| 陈嘉庚的故事 |

7
北上共商建国大计

1949 年，捷报频传。新年刚过，毛泽东电邀陈嘉庚回国共商国是。为了郑重其事，中共中央特派新加坡侨领庄希泉（陈嘉庚好友）专程从我国香港到新加坡迎接。陈嘉庚接过毛泽东电报，仔细阅读着：

嘉庚先生：

中国人民解放斗争，日益接近全国胜利。召开新的政治协商会议，建立民主联合政府，团结全国人民及海外侨胞力量，完成中国人民的独立解放事业，亟待各民主党派及各界领袖共同商讨。先生南侨硕望，人望所归，谨请命驾北来，参加会议。肃电欢迎，并祈赐复。

毛泽东

一月二十日

陈嘉庚深知这封电报的特殊分量。他格外高兴，但又十分自谦，经仔细斟酌，复电如下：

毛主席钧鉴：

革命大功将告完成，曷胜兴奋！严寒后决回国敬贺。蒙电邀参加新政治协商会议，敢不如命。唯庚于政治为门外汉，国语又不通，冒名尸位，殊非素志。千祈原谅。

陈嘉庚

同年 5 月，神州大地，严寒过去，百花盛开，陈嘉庚启程回国。行前抓紧办了两件事：一是将自己三年多来发表的文章及演讲词汇集成册，题为《陈嘉庚言论集》，全书约 9 万字，这是他继《南侨回忆录》之后又一部传世佳作和心血结晶；二是将《南侨日报》董事长职和侨团工作托交王源兴（新加坡侨领之一），嘱咐说："凡事只要以国家和人民利益为依归，个人成败应在所不计。"他针对英国殖民政府威胁《南侨日报》，钳制民主舆论的行为，指示说："本报宁可关门，而不能改变一贯立场。"由此可见陈嘉庚的立场观点十分明确。

5 月 5 日，陈嘉庚与庄明理、张殊明、王雨亭等人乘船回国。途经香港，稍事停留，于 6 月 3 日抵华北新解放区大沽口。上岸后，目睹检查人员工作认真，态度和蔼，烟茶不受，搬运工人小心装卸，操作有序，与国民党时代对比大不相同，陈嘉庚心中甚喜。翌日乘专车赴京，董必武、李济深等党内外资深人士和华侨学生等一百多人到车站迎接。

七十多岁的陈嘉庚，经海上长途风浪颠簸，仍精神矍铄，数日后，由周恩来陪同，前往西山会见毛泽东。这是他生平与毛泽东主席第二次幸会，机遇难得，意义重大。

老朋友久别重逢，气氛融洽，直至深夜，陈嘉庚才起身告辞。

次日，周恩来、林伯渠、沈钧儒、马寅初、黄炎培、郭沫若等人又先后到北京饭店看望陈嘉庚，继续友好交谈，言谈中充满了真诚、友谊和厚望。林伯渠说新政协一定要有华侨代表，华侨代表中必须有一位首席代

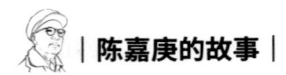

表，这位首席代表只能由陈嘉庚先生来担任，这也是全体海外华侨的一致希望。

黄炎培说：新政协关系到今后新中国的前途，作为知心朋友，我请求嘉庚先生一定要参加。

马寅初也说：嘉庚先生对抗战和人民解放事业的贡献，海内外有口皆碑，现在既来到北京，新政协筹备会就非参加不可了。

郭沫若谈得很坦率：心通胜于言通，我和蒋介石语言大通而特通，可是心则完全不通。前个月我到欧洲参加世界和平会议，会上的代表语言多不相通，但心却紧紧连在一起。嘉庚先生即使语言不通，要靠翻译，但绝不妨碍参与国家政事。

处处以国家、民族利益为重的陈嘉庚，为大家的真诚和善意所感动，决心参加新政协筹备会，与众人一起共商建国大计。

8
新政协与开国大典

6月15日晚,新政协筹备会在中南海勤政殿开幕。当晚,陈嘉庚与司徒美堂、蚁美厚、庄明理等世界各地侨领准时前来赴会。开幕式上,陈嘉庚代表华侨发言。他盛赞新政协筹备会的召开是中国历史上的一件大喜事,祖国大革命的胜利对世界影响极大,海外华侨的地位也将大大提高。他代表海外爱国华侨拥护共产党和毛主席的领导,拥护成立民主联合政府。

新政协筹备会圆满结束后,陈嘉庚由庄明理等人陪同,于6月下旬至8月末前往东北各地考察观光,所到之处,备受欢迎,所见所闻,印象深刻,心情舒畅。他总体认为:从东北看全中国,国家建设的前途是一片光明。

作为华侨首席代表和侨界召集人,陈嘉庚回京后即全力投入新政协筹备工作,并如期完成筹委会委托讨论的各项任务。9月21日,全国政协第一届全体会议在中南海怀仁堂隆重开幕。毛泽东在开幕词中庄严宣告:"占人类四分之一的中国人民从此站起来了!"此时,全场振奋,掌声雷动。陈嘉庚以华侨首席代表身份在会上发言。他代表海外千百万华侨表示拥护毛主席的开幕词,拥护三大议案,"愿无保留地予以接受"并"努力促其实现"。会议期间,陈嘉庚被选为中央人民政府委员和华侨事务委员会委员。

| 陈嘉庚的故事 |

在京期间,陈嘉庚与社会各界名流多有接触,与国民党起义将领傅作义亦常见面。在一次会议上,傅作义慷慨陈词,言及过去拥蒋,罪列战犯,北平受围,开始省悟,表示今后要痛改前非,将功补过。陈嘉庚听后感动地说:"人谁无过,知过而改,善莫大焉!傅先生坦言认过,义勇高风,无任敬佩!人民政府维新方始,似万里长征第一步,前国民党人误入迷途者尚多,当学习傅先生之智勇,庶有无限前途也!"

10月1日下午3时整,中华人民共和国开国大典在首都北京隆重举行。陈嘉庚随同党和国家领导人健步登上天安门城楼。城楼上,庄严壮丽,视野开阔。他亲眼看到新中国第一面鲜艳的五星红旗在隆隆的礼炮和庄严的国歌声中冉冉升起,亲耳听到毛泽东主席在城楼上向全世界庄严宣告:"中华人民共和国中央人民政府成立了!"他目睹中国人民解放军雄壮的阅兵式以及首都各界群众的游行队伍,心中激起阵阵浪花,激起作为一个堂堂中国人的无比自豪感。

参加开国大典后,陈嘉庚又兴致勃勃地到华东、华中和华南各省、区及家乡福建厦门、集美等处巡回视察,风尘仆仆,行程万里,历时数月,不辞辛苦。他耳闻目睹了祖国南方各省虽属新解放区,新的社会和生产秩序已逐步建立,新人新事大量涌现,心中颇感欣慰,认为能亲眼看到伟大祖国从此站立起来,并能亲自参加新中国的建设,确是人生大乐事。

翌年开春,陈嘉庚途经我国香港,重返新加坡。海外华侨对陈嘉庚此行十分关注。他针对华侨中部分人对"一边倒"政策和人民政府是否保护私人商业有疑虑,通过答《南侨日报》记者问方式作了详尽解释。

他说:"所谓一边倒,是倒在和平、民主、进步、建设的这一方面,并不是倒在苏联身上,更不是要做苏联附庸。"他还说:"以我国土地之大,人民之众，民气之烈，若有良好的政府领导，定可与列强并驾。就毛主席而言，文武才干，英明智慧，不但为我国历史所未有，亦为世界各国所仅见。将来新中国建设成功，其光荣芬芳，前古后今殆无出其右，为公为私，安肯自屈卑下，附庸于人！"他还指出，在《共同纲领》中提到的团结小资产阶级和民族资产阶级，就已经包括正当商人在内，而且《共同纲领》第三十七条还规定"保护一切合法的公私贸易"，因此，私人合法经商属保护之列，疑虑应当消除。

春风送暖，其乐融融。新加坡中华总商会、福建会馆等许多社团相继联合举行盛大集会，热烈欢迎陈嘉庚回国参政议政载誉归来。会上，陈嘉庚畅谈回国观感和国内外形势。他说："中国、苏联、美国为世界大国，人众地广，富有物产。中国民众在三国中居首位国家与苏联毗邻，举足极其轻重。过去政府腐败、独裁、贪污，无恶不作。现在，全国解放，成立人民政府，在英明领袖毛主席领导下，兴利除弊，百政维新，将见三大国中原属落后的中国，勃兴发展，独立自强，美国虽野心未死，百计破坏，已惨败涂地。近中苏亲善，结为盟友，力量伟大，对于维护世界和平，贡献甚大。至美国当局借词共产主义与之抵触，然独立国家，政权属人民，实行共产政治与否，当由各国人民自决，与美国何干？"谈到回国观感时，他就自己亲眼看到的新中国政治、军事、经济以及人民生活等方面，作了详细报告，结论是"新中国前途无限光明"。

陈嘉庚的精辟演讲，使南洋华侨受到极大鼓舞，对新中国的前途充满希望和信心，同时也使他自己的一颗赤诚的爱国之心与伟大的祖国连接得更加紧密。

第五章

1950-1961 年：落叶归根，建设祖国

1 落叶归根，定居集美

陈嘉庚在北京参加政协会议期间，叶飞率领的解放军第十兵团继解放福州、泉州之后，又发起漳厦战役，准备解放漳州和厦门等地。

从集美方向担任主攻的是二十九军第二五三团。国民党军队凭借集美学校坚固的建筑拼死抵抗，前线指挥员调来数门山炮及十几门迫击炮准备发起强攻。就在攻击命令即将下达的时候，二五三团指挥员接到电话，命令部队不得动用重武器对集美学校发起强攻，并强调这是周恩来亲自下达的命令，参战部队务必遵守。他一字一顿地在电话里念了周恩来的电报：

"集美学校是爱国华侨领袖陈嘉庚先生创办的，我军在解放集美时，要尽力妥善保护，要严防破坏。宁可多流血，也要避免使用火炮。"

担任主攻的部队只好放弃炮火掩护，以轻武器发起强攻。这场战斗让二五三团付出了惨重代价，包括一名营长在内的八十余名官兵倒在国民党军队的枪口下。

远在北京的陈嘉庚听到这一消息，感动得流下热泪。翌年3月，陈嘉庚结束了此次为期10个月的祖国之行，途经香港飞回新加坡。

在新加坡停留的3个月期间里，陈嘉庚编印了《新中国观感集》一书，介绍新中国的新面貌、新气象、新成就。在此期间，他在各社团、乡亲们的欢迎会上，在接见记者访问时，都详细介绍了新中国的政治、经济、文化、教育、军事等各方面的情况和取得的成就，让更多的乡亲、海

| 陈嘉庚的故事 |

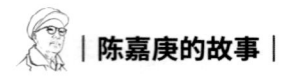

外华侨、华人进一步了解祖国、认识祖国。

其实，1949年10月1日，当陈嘉庚站在天安门城楼上，见证中华人民共和国成立的那一刻时，已经下定了回到祖国的决心。此时他还持有英国护照，但这对他已经不再重要。

1950年5月，陈嘉庚先生告别了新加坡的亲友们，离开他侨居半个世纪之久的土地，踏上归国的旅程。

陈嘉庚是只身一人返回祖国的，他的夫人与子女皆未随行。陈嘉庚一生结过四次婚。总共有17名子女。在他回国前，原配夫人与第三位妻子已经去世，子女们都已成家立业。他晚年归国后的大多时光，都是和身边工作人员一起度过的。除在北京参加一些国务活动与赴外地参观视察以外，他大部分时间都居住在自己的故乡集美。即使担任全国政协副主席和全国人大常委之后，他仍然保持轻车简从、勤俭节约的习惯。那些年，人们常常看到他拄着拐杖，行走在集美学村的石板路上。

| 1950-1961 年：落叶归根，建设祖国 | 第五章 |

2 集美解放纪念碑

1950 年陈嘉庚回国定居后，为建设家乡集美，开始兴建的首个宏伟工程就是"鳌园"。"鳌"泛指大龟、大鳌，在闽南是吉祥长寿的意思。正如建成后大门口的楹联说的那样："鳌载定教山尽峙，园居宁与世相忘"。

在鳌园中心矗立着集美解放纪念碑，它也是整个鳌园的主体建筑。陈嘉庚从 1952 年开始筹划建设集美解放纪念碑。碑高 28 米，象征中国共产党自 1921 年成立至 1949 年中华人民共和国成立的 28 年奋斗史，是陈嘉庚先生为我们后人建造的一座爱国主义丰碑。

陈嘉庚先生把个人事业的兴衰与祖国的荣辱深深地记载入每块石头之中。纪念碑台基的第一部分是 13 级台阶，阶面宽阔，象征从 1913 年至 1926 年陈嘉庚先生的实业和办学逐渐步入顶峰；第二部分共 10 级台阶，阶面较窄，象征 1927 年至 1936 年间陈嘉庚因受帝国主义财团的倾轧和世界性经济危机的影响，企业收盘，办学规模缩小。第三部分共 8 级台阶，象征八年全面抗日。最上面共 3 级台阶，象征三年解放战争。

碑的正面是毛泽东手书的"集美解放纪念碑"七个大字，雄浑刚劲。毛主席为一个镇题写纪念碑，这是仅有的一次。碑的背面是陈嘉庚先生撰写并手书的碑文，人们常说，书如其人，果真如此。陈嘉庚先生做人正直、爱憎分明，因此，他的字体端庄大方、刚劲厚重。

1949 年 10 月 1 日，陈嘉庚应毛泽东主席的热情邀请，登上雄伟的天

| 陈嘉庚的故事 |

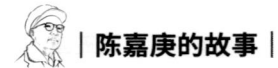

安门城楼，荣幸地参加了新中国的开国大典。这一天，陈嘉庚深深感受到了作为一个中国人的骄傲和自豪！陈嘉庚 17 岁奉父命到新加坡经商，他在海外寻求救国救民道理的同时，备感中华民族蒙受着列强的欺凌，蒙受着"东亚病夫"的耻辱。为此，陈嘉庚决意以实业创办教育，用教育拯救自己的祖国。

3 造福乡梓

1954年，中华人民共和国第一部宪法颁布，他立即发表谈话，对其中保护华侨利益的条款表示支持和拥护。在建言新中国政府努力保护海外华侨利益的同时，他也把目光更多地转向祖国建设，尤其是对家乡的建设上。

陈嘉庚是一位伟大的爱国者，同时也有很重的家乡观念和乡土情结。早在抗战之前，陈嘉庚就与在南洋的闽籍华侨勾画过家乡建设蓝图，制订过家乡振兴规划。中华人民共和国成立，让他觉得这些蓝图实现有望，因此从不放过任何一个可以为家乡建设呼吁的机会。

中华人民共和国成立之初，他就建言中央政府，主张城市建设必须预作规划，街道须宽阔，多留绿地，十字路口应多建立交桥，住宅商场等建筑前尽量多留空地。1955年1月，蒋军飞机轰炸福建省会福州，除造成人员伤亡外还引发严重火灾。陈嘉庚次日即打电报给周恩来总理，建议重新规划建设福州市，他指出"福州因建屋概用木板，街巷狭窄，横直无序，卫生不讲，每遇火患，多以千数，急功克复，仍用木板，危险长存。请电示省长，严令市民复蹈旧习，须归市政重计划，留最新式街巷，建合卫生砖屋，可转祸为福也"。

福建是中华人民共和国成立时除西藏、青海以外，唯一没有一寸铁路的省份。1950年5月，刚从新加坡回国定居的陈嘉庚，就在全国政协一届二次会议上提出建议，希望中央政府能尽早在福建兴建铁路。此后，他又多次写信给毛泽东、周恩来，要求尽快批准在福建修建铁路。

中央政府十分重视陈嘉庚的建议，抗美援朝一结束，就抽调铁道兵八个师一个团开赴福建，仅用22个月就修通了全长697.7公里的鹰（潭）厦（门）铁路，又用了两年零八个月修建成了全长194.2公里外（洋）福（州）铁路，实现了福建人民半个世纪以来的梦想。

建设过程中，当时已经80岁高龄的陈嘉庚，不止一次亲自到工地视察。鹰厦铁路终点在厦门岛，以当时的技术，还难以建设那样长的跨海大桥。在陈嘉庚建议下，先后修建了杏林海堤与集美海堤，成功地克服了这一建设难题，也使厦门岛从此通过海提与大陆相连。

陈嘉庚晚年对自己亲手创办的厦门大学、集美学村建设倾注了大量心力。由于日军和蒋军飞机的轰炸，厦大与集美的校舍都有不同程度的损坏。他请人重新设计了两校的一些主体建筑，招募闽南的能工巧匠成立建筑公司，亲自主持这些建筑的设计施工。在他的努力下，两校建筑面积分别扩大数倍，并新增许多教学设施。仅1951年到1954年，他就在厦门大学主持兴建了建南大会堂、图书馆、生物馆、化学馆、物理馆、游泳池、大操场、学生餐厅等，面积达590009方米。

有人评价说，今天的集美大学和厦门大学，那些最美丽的校舍都是陈嘉庚留下的。美国前总统尼克松参观集美中学时曾赞誉这是世界上他所见过的最美的中学。

4
独立人格，拳拳报国

陈嘉庚不是一个只唱赞歌的人，即使回国定居，当选全国人大常委和全国政协副主席之后，他仍然特立独行，坚持独立思考，从不人云亦云。

朝鲜战争爆发时，陈嘉庚刚回国定居不久。当中国人民志愿军跨过鸭绿江后，陈嘉庚毅然从集友银行开出一张500万元人民币的支票，作为寒衣捐，支援抗美援朝。这位爱国老人唯希望尽量减少中华儿女的牺牲，每天都急切地打听着朝鲜战场的消息，直到1953年停战协议签订，他才长长地松了一口气。

1949年至1955年间，陈嘉庚先后进行过两次全国性的考察旅行，近百个城市，前后历时近一年，行程多达数万里。82岁高龄的他在考察之后，在政协会议上提了七项提案。

1955年8月，陈嘉庚视察东北时前往大连航海学院进行考察，发现铺张浪费严重。在他看来造价每平方米不过40元的简陋校舍，报出的价格却高达200元，而图书馆、科学馆、体育馆等大学应有的设施却一个都没有。陈嘉庚直言这真是"闻所未闻"，一回北京就致函全国人大常委会和周恩来总理，要求彻查此事。

对于1956年基本完成的农村合作化运动和城市工商业的社会主义改造运动，陈嘉庚也是有所保留的。当时照搬苏联的社会主义模式，认定中国必须尽快通过公私合营运动，将工商业者个人所有的私有制，改造为国家所有即全民所有的公有制，对此陈嘉庚深感失望。

中华人民共和国成立以来的历次政治运动，最让陈嘉庚不理解的还是1957年的"反右"运动。在"反右"中，陈嘉庚作为全国人大常委作大会发言，着重讲了十六条意见，半句不提"反右派"，他在全国人大一届四次会议上发言道：

"官僚主义是中国数千年的积习，病国蠹民莫不由此……要认真革除，应从治标治本两方面入手。治标办法，除宣传告诫外，各省应设查访机关，犯此风者即应免职，送往特设训练所或学校学习改造，结训后方得试用。治本办法，须从正规学校教育做起。"

陈嘉庚只顾发言，并没有注意到会议主持者如坐针毡。他在随后的发言中又指出：

"官僚主义弊端，为懈怠做慢。任职而有此弊，虽清白不贪污，亦难免误国病民。例如高高在上，凡事皆向下面推透，绝不自己动手；又如坐在办公室内，足不出户，外间实际情形，属下工作状况，毫无所知。这样则下情不能上达，凡所措施脱离群众，加以缺乏虚怀，主观自满，动作寡少，体力薄弱，执笔尤息，何能领导部属搞好业务？"

这番发言只赢得了几个人的掌声。

当时，从缅甸赶来参加会议的全国人大代表徐四民因为归国时间延误，没有赶上前面的会议，并不清楚当时国内是一种什么样的政治氛围，他觉得陈嘉庚言之有理，就起劲地鼓掌。可当他发现只有几个人鼓掌时，顿时觉得会议场面非常尴尬。

有人劝陈嘉庚不要再"大鸣大放"了，陈嘉庚回答："我一生实事求是，不平则鸣。做人要诚实，政治更应诚实，绝不能指鹿为马讲假话。"

5
异常简朴的老人

陈嘉庚回国后继续保持自己勤俭朴素的生活作风，为世人做出了榜样。除了赴京参加会议、出席重要的国务活动，以及有限的几次在全国各地的参观访问，陈嘉庚晚年大部分时间都住在集美学校的一栋普通教工宿舍里，室内陈设极其简陋。

国家实行薪金制后，中央政府给陈嘉庚定的工资标准是 300 元。加上各种补贴，每月有将近 500 元。陈嘉庚除了留 15 元伙食费外，其余全部存入集美校委会充作公用。他每日饮食极简单，常常只是地瓜粥佐以家乡小菜，每日伙食费不超过 5 角钱。

1950 年回国定居后，陈嘉庚仍然保持艰苦朴素的本色。他先后在两处早年建造的朴实无华的二层小楼上（即原校长住宅和校主任住宅，楼下是校董事会办公室）工作、生活。他的衣着、家具等生活用品都是旧的。衣服破了就补，补了再用，蚊帐也是一补再补，有的还是他亲自穿针引线的。他本来点一盏煤油灯照明，有一次不慎摔破了，就拣来只断掉提钩的瓷杯，倒置过来点上蜡烛当"灯台"。工作人员觉得"蜡烛台"不雅观，几经建议更新，他坚持不肯，一直被保留至今。

陈嘉庚外出邻县市进行公务或访友活动，如视察女婿李光前委托管理的南安国光中学，或陪同华侨前往安溪等地访问时，都是事先安排炊事员煮好成稀饭，装入大号的保温瓶里，再买些油条带上路。到达目的地时，

陈嘉庚的故事

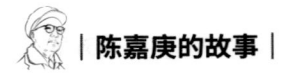

在村外找个石盘或干净的地方,席地而坐用膳后才进村办事或会友。

陈嘉庚 1950 年回国定居时,海外财力已大不如前,扩建厦门大学和集美学校校舍主要靠亲友捐款支持。1955 年,他将在新加坡仅有的少数资产,全部增添为教育基金,指定为集美学校经费。当他 1958 年患病住院时,首先考虑的仍是教育经费问题,在病中口授遗嘱,将他当时的余款、利息及今后捐款的各项收入,都作为集美学校教育基金。

1961 年 8 月,陈嘉庚在北京逝世后,国内尚有存款人民币 334 万元,都由政府按照他生前交代、亲属要求和公共设施在建项目,分别用于教育与公益事业。以上各个基金、余款,诸子孙未取一分钱,这在古今中外实属罕见。

诚如我国教育家黄炎培早期所点评的:发了财的人,而肯全拿出来的,只有陈(嘉庚)先生。

6 浩气千古

1958年,陈嘉庚的眼眶上隆起一粒肿瘤,遂往上海华东医院治疗,经诊断是鳞状上皮癌,在周恩来的关心下,转往北京治疗。

从1959年开始,陈嘉庚的病情时好时坏。他在新加坡的子女也时时前来照顾。他自知来日无多,一面积极配合治疗,一面也在处理自己的后事。但所有这些后事,仍以民族国家为重。他向身边陪同的亲友口授了遗嘱:

第一,中国有两派:旧的一派是国民党,这一派很坏;新的一派是共产党,它领导全国人民建设社会主义。人有一死,早死晚死不要紧,最要紧的是国家。国民党过去做尽坏事,他们逃到台湾去了,我们应尽早解放台湾,台湾必须归中国!第二,我国海岸线长,海洋事业一定要大发展,航海学校一定要办下去。第三,棺木一定要运回集美。子孙们来了,不要哭,穿黑就可以了。

陈嘉庚还交代把在国内银行的存款300多万元,全部捐献给国家。其中50万元作为北京华侨博物馆建设费用,50万元用作集美学校福利基金,200多万元用于办学。此前,陈嘉庚还曾交代,子孙归来,每月生活费25元,如有支领工资,则要扣除。

无论是生前还是死后,陈嘉庚都没有给子孙留下什么财产。

1961年8月12日零时15分,陈嘉庚在北京逝世,享年88岁。

| 陈嘉庚的故事 |

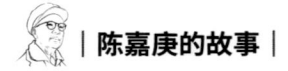

周恩来总理亲自参加了陈嘉庚的遗体入殓仪式。

8月15日，首都各界在中山堂为陈嘉庚隆重举行公祭仪式。

陈嘉庚的葬礼，是中华人民共和国成立后为民主人士举行的最隆重的葬礼。低回的哀乐，庄严肃穆的灵堂，各国使节纷纷吊唁。周恩来、朱德、陈毅、陈叔通、黄炎培、沈钧儒等亲自执绋。灵车缓缓行驶在长安街上，首都各界人士在北京站为陈嘉庚的灵柩送行，悬挂着黑纱和遗像的专列经过天津、济南、南京、上海、杭州、鹰潭和永安，接受社会各界代表敬献花圈、默哀致敬……

1961年8月20日下午3时，陈嘉庚先生的灵柩从北京运抵集美火车站，下午6时，国家在鳌园为陈嘉庚先生举行了隆重的国葬，陈嘉庚先生的遗体上覆盖着国旗。从此陈嘉庚先生就一直安歇在这里，同集美师生、父老乡亲时刻相伴、朝夕相随。

陈嘉庚，一代最伟大的公民，长眠于集美鳌园。他的墓坐北朝南，墓盖由13块水磨石镶成，光可鉴人，墓碑为白色水磨石花岗石，弧形墓壁上用15块青石浮雕介绍他的重要经历。陈嘉庚先生的墓整体修建为龟形，是因为龟象征长寿与健康、吉祥，而且陈嘉庚办实业正像龟走路般脚踏实地。这座龟形陵墓无头无尾，是因为陈嘉庚办实业一向不图名利，不虚张声势，没有脚是因为四只脚扎根于祖国大地。

第六章
嘉庚精神的继承者们

1 继承者一：李光前[①]

继陈嘉庚之后，东南亚地区最著名的华侨领袖之一当推李光前（1893-1967）。他是一个成功的企业家，20世纪20年代末亲手创建的作坊式小厂现在已发展成为多元化的跨国大企业集团。他热心兴办文教福利事业，还拨出巨款建立"李氏基金"，作为自主文化教育及其他公益事业的永久性基金。生前，他在新加坡、马来西亚和中国都有很高的威望；逝世后，他仍为人们所怀念。

兴学重教

李光前，1893年生于福建南安县。父亲李国专先后在厦门和新加坡做小生意。幼年的李光前在家乡私塾启蒙，10岁到新加坡，在英印学堂念英语和数学，周末到养正学堂学中文。1907年，清政府在南京办了专招南洋华侨学生就读的暨南学堂（暨南大学前身）。李光前由于学习成绩突出，于1909年被新加坡中华总商会主席资送到暨南学堂学习。从暨南学堂毕业后，他先后到北京清华学堂（预科）、唐山路矿专门学堂深造。1912年又到新加坡。这次出国，他孤身一人，举目无亲，父亲已回国内。他先担任华侨小学教师，兼任《叻报》电讯翻译工作，后来考入测量专科学校，同时攻读美国某大学的土木工程函授课程。10余年苦读，李光前成为一位

[①] 巫乐华，《南洋华侨史话》，商务印书馆，1997。

陈嘉庚的故事

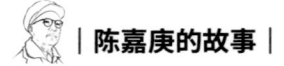

既受中华文化熏陶，又饱浸西方现代文化科学知识，兼通中英文、视野比较开阔的知识分子。但他未能如愿完成学业，1914年第一次世界大战爆发，为生活所迫，李光前只好辍学从商，到庄希泉的中华国货公司任职。1916年，为扩展欧美国际市场，陈嘉庚将年轻的李光前招至帐下，处理中、英文函件和对外联络工作。陈嘉庚很赏识李光前的才华学识，不仅委任他当了部门经理，而且还把长女嫁给了他。在陈嘉庚的公司里，李光前贡献颇多，同时他也向岳父学习了很多橡胶经营的知识，并建立了各种业务联系。经年耳濡目染，他在言行、品德上也颇受陈嘉庚的影响和熏陶。在陈嘉庚的公司里任职10年，其所积累的经验，终身受用不尽。陈嘉庚的恩情，李光前是终身不忘的，即使是在陈嘉庚的事业遭到巨大挫折时，他也是初衷不改。

1927年，李光前开始独立经营。他先独资创办了一个作坊式的制胶烟房，继而成立了南益橡胶有限公司。在他主持下，公司业务不断发展，不仅经营传统的橡胶和菠萝种植与加工业，而且涉足金融界。1939年他被选为新加坡中华总商会会长。到第二次世界大战前夕，李光前已是闻名中外的实业家、银行家和华侨领袖。20世纪30年代以后，由于诸种原因，陈嘉庚的企业遭遇了重重困难，并在1934年正式收盘，李光前则一如既往地支持陈嘉庚的爱国兴教事业。

李光前企业经营成功，富甲东南亚，然而克己节俭，不抽烟、不喝酒，夫妻恩爱，私生活十分严肃。对于个人财富，他反对奢侈挥霍，认为把它用之于他人，用之于社会，才显出真正的富有。因此，他对人、对社会，特别对文化教育、社会公益事业非常慷慨。李光前热心文化教育事业，早在"打工"阶段就开始了。那时，虽然他每月工资最高仅110元，但仍对侄儿、亲戚的学习给予帮助，还寄钱回家乡修祖厝和寺庙。后来，随着企业的发展、财富的积累，使他有了更大的能力去资助文化教育和慈善事业。新加坡的第一所印度中学的校舍是李光前捐赠的，马来西亚第一所伊斯兰学院也是李光前慷慨解囊创办的。当然，他资助最多的还是新加坡和马来西亚的华文教育。

第二次世界大战结束后，为恢复被战火破坏的华校，马来西亚成立了华校复校辅导委员会，李光前出任该委员会主席。他运筹策划，出钱出力。福建会馆新办一所学校，李光前给予了大力支持，但拒绝以他的名字命校名，这所学校后来定名为光华学校。为创办南侨女中，他捐地捐楼。1953年，一些新加坡侨领倡办南洋大学时，李光前认捐该校实收捐款总数的10%，到1957年止共捐助叻币104万余元，他还捐建了文物馆、电脑中心，并每年为南洋大学的优秀学生提供奖学金。李光前倾注最多心血的是华侨中学和马来西亚大学。

新加坡南洋华侨中学成立于1919年，是东南亚最早的中文中学，首创人是陈嘉庚。从1934年起，李光前出任该校董事会主席，连任16届，前后达21年之久。在这20余年中，他领导董事会成员和教职员，尽心尽力办校。在物质方面，他承担了学校日常经费和扩建费用的大部分。上任之初，即先代为偿还华侨银行的7万元借款，巩固了学校的经济基础，又先后在1940年和1957年，独资捐建了科学馆和图书馆各一座。南洋华侨中学今天仍然是新加坡一所设备先进、教学水平较高的学校，陈嘉庚、李光前等华侨前辈苦心经营该校的功劳，将被永远铭记。

新加坡马来亚大学（新加坡国立大学的前身）是1949年成立的，李光前分两次共捐款叻币50万元。第二笔捐款是为该校图书馆购置图书文

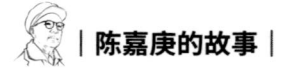

献之用，在捐款函中，他希望能多购买一些东方文字的图书，注重东方文化的研究。

第二次世界大战结束后，他建议建造一座国家图书馆，并主动捐献巨款，附带的条件是：购藏中、马、印等东方文字图书，并免费借阅。该馆于1957年8月16日奠基，今天在图书馆的大门壁上铭刻着"李光前先生奠此基石，这座房子是由其慷慨捐款所促成"字样。他还担任过新加坡福利协会主席，主持赈灾救济工作。英国剑桥大学的著名学者李约瑟的巨著《中国科学技术史》的出版，也得到了李光前的资助。

1952年，李光前创立了"李氏基金"，把南益集团的部分资产捐作基金。1964年，他又将自己名下的全部南益股权（总股份的48%）捐献给"李氏基金"。这样，"李氏基金"就成了南益集团的最大股东，每年数目可观的股息，全部用作发展科学文化教育、社会慈善福利事业。其赞助范围十分广泛，几乎遍及世界各地。40多年来，"李氏基金"共捐助了近3亿新元，对社会发展和文明进步贡献巨大。由于李光前对文化教育和社会公益事业的杰出贡献，他获得过各种荣衔。1962年，马来亚大学一分为二，成立新加坡大学和马来西亚大学。德高望重的李光前担任了新加坡大学首任校长这个荣誉职务。在隆重的就职典礼上，他发表了演讲，结尾时引了三句话："我们对国家的贡献，有什么更好或更大于为它教育青年。"（古罗马西赛罗）"得天下英才而教育之，一乐也。"（孟子）"凡是要收获好稻的，必须先种好种子。"（马来西亚格言）三句话的中心都是"重教"，这大概也是李光前的心声。

钟情祖国

李光前只是青少年时期在祖国生活、学习了十几年，他的事业、贡献主要在居住国，晚年成为新加坡公民。但他对祖国是十分热爱的。1993年10月，李光前诞辰100周年时，在福建举行了"李光前学术讨论会"。他的一位得力助手在会上讲了这么一段话："他无时无刻不在关心祖国。祖国若是政治安定，经济较好，他就高兴；祖国若有些不妥之处，他就烦恼。朝鲜战争期间，美军若胜了，光前先生就吃不下、睡不着；若是中国胜利了，他就开怀大笑。可见他对祖国的感情是多么的深厚！"关心、热爱祖国，在家乡兴办教育公益事业，这是李光前辉煌人生中的部分篇章。

1937年全面抗日战争爆发，李光前即投身华侨抗日救国运动。他积极支持陈嘉庚出面领导筹款抗日工作，并率先捐款10万元。1938年10月，"南侨总会"成立，他参与筹备并当选为常务委员，带头认购了大量公债。

对于陈嘉庚创办的厦门大学和集美学校，李光前给予大力支持。特别是20世纪30年代以后，陈嘉庚的企业连年亏损，陈嘉庚难以维持两校经费。此时包括李光前在内的许多华侨企业家雪中送炭、慷慨疏财，支持了陈嘉庚的"倾家兴学"壮举，如在1936年他就捐了5万元给陈嘉庚建立一项支持厦门大学的基金，占了捐款数的37.5%。1950年为修复和扩建被炮火破坏的集美学校和厦门大学，李光前响应陈嘉庚的劝募，慷慨捐赠港币600万元。从1951年开始，陈嘉庚用李光前的捐款，费时八年，扩建了厦门大学，共建楼24幢，总建筑面积等于新中国成立前全校建筑面积的两倍。陈嘉庚被誉为厦门大学的"校主"，他为厦大的创办和发展呕心沥血、鞠躬尽瘁，而李光前为该校的发展也作出了不可磨灭的贡献。

陈嘉庚的故事

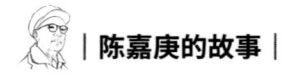

在致力于新加坡、马来西亚的教育事业，积极支持陈嘉庚的兴学活动的同时，从1939年起，他在家乡福建南安芙蓉乡独资兴办了国专小学和国光中学。1943年创办国光中学时，他正流亡美国，在东南亚的产业已作为"敌产"被日本没收，经济情况困难，为筹措学校经费，他不惜变卖衣物。中华人民共和国成立后，他决定扩建国光中学，还请陈嘉庚代为选址筹划。经过几年的努力，一个以国光中学为中心的梅山学村终于建成。学村坐落在大宇山的荒坡上，方圆500亩，不仅建了国光中学的新校舍，而且还建了四所小学、幼儿园和配套的医院、影剧院、体育场，总建筑面积七万余平方米。为梅山学村的建设，他共捐资400余万元。梅山学村不仅培养了很多人才，而且随着人们素质的提高，以学村为起点形成的梅山镇也成为一个文明富裕的侨乡。

一个熟悉李光前的人曾这么说过："对于社会公益事业，李光前先生往往一掷千金而毫无吝惜。但在个人生活方面，李光前甚为克己。"在60岁以前，他曾经无偿献血18次，家人劝他说："你把钱给人就行了，为什么连命都要豁出去？"他却说："人家今天要死了若没有血就会马上死。而我们可以慢慢吃补的，紧急时血输给人能救人。我们是要做个榜样给人看，不然谁肯献血？"为别人、为社会他想得很多，肯"出血"。对自己的生活，他严苛得几乎有悖常情。1958年去日本观光，他竟以公共交通工具代步，和马来西亚留日学生一起吃学生食堂，令日本人惊讶不已。1965年他因癌症到上海治疗，做全面体检时竟然发现他有营养不良症！奉献和克己，这是李光前魅力之所在。他留给后世的不光是个跨国企业集团，而且还有不朽的精神。人们永远纪念他。

2 继承者二：李尚大[①]

安溪县旅外乡亲李尚大先生是集美中学校友，一生都在追随校主陈嘉庚。李尚大先生及其夫人吴灿英、儿子李川羽、李龙羽捐资兴建小学、中学和大学校舍，乐为家乡育英才，省政府多次授予他捐资办学和捐资兴办公益事业金质奖章。

李尚大先生从振兴中华民族的高度出发，捐赠黎明大学巨资，在新校区兴建了以中小学老师、大学校长、著名侨领和老领导名字命名的7座大楼，分别命名为："吴龙江大楼""陈后潮大楼""张圣才大楼""汪德耀大楼""黄丹季大楼""项南大楼"及"慈山大楼"，为黎明大学的发展作出了贡献，被推任黎明大学第二任董事长。

作为集美学校的老校友，他崇拜陈嘉庚校主，对集美学校有着特殊的感情。集美中学为申办全国示范高中，需建一座多功能体育馆，他自己捐赠并请李光前以李氏基金捐赠巨资，共同建造集美中学福山楼。他还和胞弟李陆大共同捐资兴建集美校友会馆。

李尚大为了筹办集美大学，他四处呼吁，并向各级政府和国家领导写信，反映海内外校友和华侨对创办集美大学的呼声，建议将集美原有的高校合并，创办集美大学。1993年，为了向福建省委领导汇报海外校友乡贤盼望创办集美大学的迫切心情，他在厦门宾馆守候到午夜，终等到领导开

[①] 陈克振，《一生追随陈嘉庚》，福建侨报，2014。

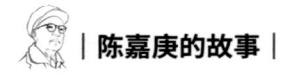

会回来见面。

集美大学创办后,李尚大先生一直非常关心大学的发展。他除了为集美大学工商管理学院捐赠开办费以外,还为集美大学国际学术交流中心捐资,兴建以集美学校董事长陈村牧名字命名的"村牧楼",捐资兴建集美大学行政大楼"尚大楼"和生物工程学院大楼"灿英楼"。他还多方动员海内外人士关心支持集美大学的建设。

对创办集美大学作出重要贡献的李尚大先生,先后荣任集美大学校董会第一、二届副主席和集美大学诚毅学院董事会监事长。他连续4年参加集美大学校董会,每次都对学校的创办和发展建言献策,有一次还以《我对集美大学的希望和祝福》为题发表重要书面发言。

李尚大先生还积极倡议厦门市和厦门大学联合创办厦门大学医学院,并写信向中央有关部门提出建议又率先捐资设立首期医学院建设发展基金,发动其他侨胞踊跃认捐。1996年10月获原国家教委批准,厦门大学医学院正式成立,他荣任医学院董事会名誉董事长。医学院创办后,他还出资从澳大利亚聘请著名的心内科专家、澳籍华裔、美国医学博士林延龄为医学院首任院长。

此外,李尚大还在1992年为民办北京燕京华侨大学捐资兴建校舍,并发动海外侨胞为该校捐建新校舍;1993年,著名音乐指挥家蔡继琨教授在福州创办福建音乐学院,他捐资帮助创办。他还为北京外贸大学捐资创设奖学金,支持该校办学。

3

继承者三：陈六使[①]

陈六使先生1897年生于福建省同安县集美社（今厦门集美区集美镇）的贫苦家庭，在兄弟七人中居第六。5周岁时的一个晚上，瘟疫夺走了双亲生命。年幼时生活倍加艰苦，依靠诸位兄长劳动维持，后三兄文确先行出洋谋生，供给七弟求学费用。

1916年，19岁的陈六使和17岁的七弟到达新加坡。他初时在宗兄陈嘉庚的橡胶厂搬运工，半年后升为领班。因认真负责，严格执行规章制度，被调到谦益橡胶厂办公室协助经营橡胶贸易，成为陈嘉庚公司橡胶工厂骨干。在该公司橡胶实业腾飞期间，与三兄文确从实践中掌握了橡胶业的生产、经营、贸易等本领。

1925年，陈六使与三兄离开陈嘉庚公司投资益和橡胶公司，三年后已具相当规模，成为集橡胶种植生产、加工制作和贸易出口为一体的企业。至1938年改组为益和橡胶人有限公司，陈家股权已占82.5%，陈六使先生是三名董事之一，是新马橡胶界的佼佼者，业务急速发展，日产橡胶数千担，分行遍设马来西亚、泰国、越南、印度尼西亚，在纽约和伦敦设有代理机构，处理出口贸易，敢于突破当地洋行的控制，直接运销欧美。他拥有大量橡胶园，同时筹集资金投资发展金融、保险业等。1940年益和注册增资至20万叻币。陈六使先生任总经理，全权负责处理橡胶贸易，三兄

[①] 作者不详。——编者注

文确则分工负责橡胶园和金融、保险业。第二次世界大战后，陈六使先生参与发起组织华联银行，任华侨银行董事，1966年继任亚洲人寿保险有限公司董事主席。

第二次世界大战后，益和复业，两代人奋发拼搏，至1947年新马军政府统制专营取消后，才出现转机。1950年朝鲜战争爆发，战略物资橡胶价格猛涨。陈六使先生抓住机遇，发售期货近万吨胶片，但因工潮处理欠妥，7月间橡胶厂被人纵火焚毁，除保险理赔外，实际损失300余万元。但他不愿停业，在三兄文确等的鼎力协助下，扭转了局面，全部还清期货，业务继续发展，再获巨利。益和成为当地最大的橡胶贸易公司兼橡胶工厂之一，与李光前的南益并驾齐驱。陈六使与李光前共同活跃于世界胶坛，成为新马橡胶界执牛耳之人物。

陈六使先生于1938年被选为由华人橡胶商、厂商组成的新加坡橡胶公会主席，维护华侨合法权益，组织华侨华人研究橡胶产销，发展经济，同时，他敢于向殖民主义者在橡胶产销上歧视、压制华商的政策抗争。

陈六使先生在发展实业的同时，积极服务华侨华人社会并担任社团要职，包括：

新加坡中华总商会：1939年改造时他被选为委员，1941年3月当选为副会长。第二次世界大战后，立即着手恢复活动。1950年3月被选为会长。

新加坡怡和轩俱乐部：1923年陈嘉庚继任俱乐部总经理。第二次世界大战前陈六使先生参加为会员，参与支持抗日救亡活动。1946年恢复活动任常委（主席陈嘉庚）。1948年接任董事会主席（陈嘉庚任常委），连任至1962年9月，1969年至1971年改任董事。

新加坡福建会馆：1950年3月，陈嘉庚在回国前主持了执监委换届工作，陈六使先生被选为第十届主席，连任至1972年第二十届，因高龄主动让贤，在职22年中，继承陈嘉庚先生的事业。

陈六使先生在服务华侨华人中，力争合法、平等权利。

从1948年开始，鉴于新加坡立法议会中，大部分华人无当地公民权，不能参加政治活动，切身利益受损，陈六使便率领和团结广大华人社团及领袖，开展争取华人合法权利的斗争。1957年7月，议会终于通过公民权法案，规定居住本地满八年的居民可以申请公民权。

1950年，陈六使被选为中华总商会会长，他认为新加坡立法议会语言只用英语是不民主的，为解除议会语言限制，华人要求将华语亦列为议会语言。在议会代表、众多的华侨社团、商号代表达10余万居民的签名运动的努力下，立法议会终于在1956年2月9日通过，采用英、华、巫、印四种语言为议院通用辩论语言，华语成为新加坡官方语言之一。

20世纪五六十年代，新马橡胶市场完全被英国橡胶商所组织的新加坡橡胶西商公会所支配，1952年又制定橡胶交易的契约与章程，保护英国胶商的特权，而新马本地胶商只能向该组织申请为附属会员，任其宰割、盘剥、压榨，对不合理的交易规章，根本无发言权。为了给当地胶商争取平等权利，陈六使先生领导的橡胶公会联合知名胶商抗争、交涉，反对不合理章程。1957年陈六使亲率新加坡胶商5人代表团出席伦敦英马橡胶问题会议，提出合理化建议。代表团回新加坡后，橡胶公会和橡胶西商公会多次谈判，终于达成协议，联合中西大胶行统一组织"马来亚橡胶总公会"，陈六使被选为主席，增强新马胶界国际地位，促进华胶商界的团结，维护华商胶业的正当权益。

陈六使先生在拼搏实业的同时，关心支持国内外教育事业，培育

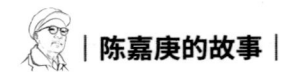

人才。

　　陈六使先生是嘉庚倾资兴学的支持者和襄助者。陈嘉庚创办集美学校和厦门大学的过程中，每当陈嘉庚先生为筹措两校经费遇到困难时，首先想到的就是陈文确、陈六使。对陈嘉庚先生的兴学善举，陈文确、陈六使兄弟始终如一，竭尽全力支持。有一次，为了替陈嘉庚排忧解难，他甚至"损失其家资几达半数之多"。对此，陈嘉庚先生十分感激，在《南侨回忆录》中写道："六使君之慷慨宏量，余万分钦佩，铭感无任！"

　　陈六使先生在侨居地重视华侨教育，贡献卓越：自1934年至1966年的三十余年间，出钱出力支持新加坡南洋华侨中学，历任董事会董事、副董事长达22年。1950年任中华总商会会长后，捐资刚成立的马来亚大学。担任福建会馆主席后，团结热心教育的华侨，亲任闽侨创办的道南、爱同、崇福、光华小学和南侨女中各校董事长，筹募基金扩建、增建校舍，扩大办学规模。上述五校在中华人民共和国成立后，率先升起五星红旗，表达对祖国的敬爱。

　　陈六使先生最为突出的贡献是倡办南洋大学。殖民主义者在中国政权更迭之际，加紧迫害、摧残侨居地华人教育，致使华校师资荒日益严重。为解决华人教育的迫切需要和侨界企盼母语教育不致灭迹、子孙不忘祖宗等重要原因，先生遂于1953年1月在福建会馆执监委联席会议上倡办华文大学，个人宣布认捐500万元，获得华人社会的热烈响应与支持。他亲自带头与当局多次据理力争。在中华总商会董事及214个团体代表举行创办大学筹委会上，先生被推为主席，负责筹募经费和创办事宜，福建会馆捐赠500余亩土地作为校址。

　　经过两三年的筹措，几经周折，南洋大学于1956年3月正式开学，开创了海外华侨华人创办华人高等学府的先河。从 1953 年至 1964 年，陈六使先生一直担任南洋大学执行委员会主席。先生逝世后，南洋大学理事会决定在校园内为他建立铜像，以兹纪念。其家人在铜像揭幕典礼时，即席捐款 50 万元，设立"陈六使奖学基金"奖励南大学生。

陈六使先生于 1972 年 9 月 11 日凌晨与世长辞，享年 76 岁。先生生育九男三女，皆事业有成。

1984 年 11 月 25 日，福建省人民政府为表彰其家族长期热心祖国教育，造福桑梓的光辉业绩，在集美归来堂为其亲属授予荣匾，上书"陈六使先生，乐育英才"。牌匾悬挂在集美社陈氏大社祠内，世代传颂。

4
继承者四：杜成国[①]

杜成国先生是著名的印度尼西亚爱国华侨，曾长期担任中国新闻社摄影记者。他是一位热心公益的慈善家，更是嘉庚精神的传承者与弘扬者，被誉为"陈嘉庚光辉精神的折光"。他怀抱着拳拳赤子之心，致力于教育事业和慈善事业，他将毕生热情和心血奉献给了"集美"，奉献给了社会，奉献给了祖国。于他而言，传承嘉庚精神，这是一份责任的传承，这是一份爱的延续，更是他一生引为自豪的责任与使命。

嘉庚精神 薪火相传

陈嘉庚先生，一生具有强烈的爱国情怀，为辛亥革命、民族教育、抗日战争、解放战争、新中国的建设作出了卓越的贡献，是一代侨界领袖和楷模。曾被毛泽东主席誉为"华侨旗帜、民族光辉"。奉献、重德、自强、清廉的"嘉庚精神"影响着万千后辈，杜成国先生就是其中一位最让人感动的"嘉庚精神"传承者与践行者。

杜成国先生的父亲杜丕林祖籍福建，5岁父母双亡成了孤儿，13岁时随远嫁的姐姐离开祖国来到印度尼西亚。他发愤图强，自学成才，成了当地闻名的针灸医生，含辛茹苦养育了10个子女。杜成国先生就于1940年出生于印度尼西亚。

[①] 兰军，汪建华，《嘉庚精神的传承者》，《荣誉杂志》，2017。

"生于忧患"的他,童年的成长便伴随着抗日战争炮火的洗礼。国难当头,为了拯救国家危亡,爱国华侨陈嘉庚带头捐款捐物,并在新加坡、马来西亚、印度尼西亚等地积极奔走,组织募捐,支援祖国的抗日。其父杜丕林先生也积极响应,他仍清楚地记得:"当时家里生活并不富裕,但爸爸还是捐了很多钱,还有药品、衣物等。这是华侨的心愿,国家有难,匹夫有责,小家再难,也要积极支援。"包括父亲在内的这些爱国华侨的义举,这种赤子情怀,在他年幼的心中,印下了深刻的烙印。1953年4月16日,带着父亲未尽的心愿,13岁的他,历经周折回到了故乡,并就读于陈嘉庚创办的集美学校。

在集美,他参加了摄影小组,为学校各种重要活动拍摄照片,并培养了其一生对摄影的热爱。1955年中国新闻社记者杨北钊到集美采访和陈嘉庚一起拍的照片,促使他最终成为一名专业的摄影记者。他在中新社摄影记者的岗位上兢兢业业奋斗了40多年,曾为社会名流、国家领导人拍过无数照片。

在集美,他学会了和同学团结友爱、相互关怀,在那里,他感受到了"老师不是父母胜似父母,同学不是兄弟胜似兄弟"的感情。集美让杜成国先生学会了嘉庚精神,也明白了"滴水之恩,将涌泉相报"的道理。

6年的集美生活是短暂的,而集美给杜成国先生的温馨情谊却伴随一生。杜成国先生一生最崇拜的人就是集美学校的"校主"陈嘉庚先生。他始终以"集美人"自居,恪守着"诚毅"的校训,立志将"嘉庚精神"薪火相传下去。

学生时代的他曾数次偶遇令人尊敬、崇拜的校主陈嘉庚先生,1955年,一张他与陈嘉庚先生在集美中学鳌园的合影,被他视为珍宝、用心珍藏至今。

陈嘉庚的故事

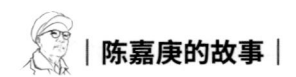

慷慨无私 贡献集美

百年大计，教育为本。陈嘉庚先生一生具有强烈的爱国情怀，热心教育，并一手创办了厦门大学、集美中学、翔安一中、集美学村等，他因此也被厦门大学、集美大学（前身为集美学村各校）两校师生尊称为"校主"。他曾说："教育是千秋万代的事业，是提高国民文化水平的根本措施，不管什么时候都需要。"这是陈嘉庚先生的名言，也成为了杜成国先生为之坚守一生的人生信条。

杜成国先生于 1953 年 4 月 16 日回国后，就读于集美中学，他对集美有着割舍不断的情怀。"如果当初没有陈嘉庚创办集美学校，就没有我的今天。"他常把这句话挂在嘴边，"诚以待人，毅以处事"的集美校训影响了他的一生。几十年来，他始终不忘陈嘉庚的办学宗旨，为了弘扬嘉庚精神，做出了非凡的贡献。

1988 年，杜成国先生与几位在北京工作和生活的集美校友发起成立了集美学校北京分会。2000 年，他提议学校创建"集美中学报"，并捐赠 5000 元，此后的每一年，校报都能收到他的捐赠。在"集美校友"的捐赠名录里，几乎期期都有他的名字。早在 2003 年时，他通过厦门电视台一档栏目立下遗嘱："我有今天的一切与集美中学的栽培分不开，为纪念我的父母，为感谢集美中学母校的教育，为发扬陈嘉庚精神，我决定将北京的房产捐予集美学校，以作为父亲——杜丕林的教育扶贫基金会所需资金。"之后，在得知母校新校区建设需要资金，他立即卖掉了这处位于北京二环的四合院，将卖房所得的 338 万元悉数捐赠给母校。他"卖房捐建学校"的义举，成为了一段佳话。

目前，杜成国先生在集美中学捐资建造了三座大厦，分别命名为"杜成国楼""杜丕林楼"和"叶振汉楼"。杜丕林楼是为报答一生漂泊异国、思念故土的父亲的养育之恩，此外还在福建老家以父亲的名义设立了"杜丕林教育扶贫基金"，希望以此来尽自己的一片孝心。而叶振汉楼，则是为了纪念他读集美中学时的校长，为纪念叶校长，他还在集美中学的校园内塑了一尊叶振汉先生半身铜像。

除此之外，杜成国先生还拿出 80 万在集美校友总会设立了"杜成国教育助学基金"，并为"集美校友总会会馆"捐款 20 万元，为集美医院捐赠一辆商务车。2013 年 10 月，集美学校 100 周年校庆暨集美中学成立 95 周年活动中，他捐建了嘉庚先生铜像，这座铜像正位于集美学校大门南面的草坪上，让海内外游客一走进学校，就能看到校主的身姿。这也是杜成国个人捐建的第三座陈嘉庚先生铜像。此前，他还曾向集美小学、集美中学新校区赠送嘉庚雕像，此外还有北京华侨历史博物馆一尊陈嘉庚全身铜像，福建三明大田市一尊嘉庚全身铜像以及抗战内迁大田学校，共四尊全身铜像。至今为止杜成国先生在集美捐款总额已超过 600 万元人民币。

5
继承者五：陈村牧[①]

1991年，集美区政府与集美校友会举行了隆重大会，庆贺陈村牧先生执教集美学校60周年，其时卢嘉锡先生寄来一首亲笔题诗。诗云："人生八十古来尊，奉献无私建学村。校主精神齐赞颂，牧公业绩也难伦。"如今，许多往事已成云烟，这首诗仍牢记在我的心头。

陈老是位谦诚儒雅、品德高尚的人。他祖籍金门，1920年秋考入集美中学，1924年考入厦门大学国学院历史系，毕业后应集美中学聘请回母校任教。陈老以其出色的教学与管理才能，27岁就被委任为集美中学校长。1937年，抗日烽火燃起，陈嘉庚先生的企业收盘，财源拮据，集美学校危机四伏，前途堪忧。陈嘉庚先生毅然决定由陈老继任校董会主席之职，主持整顿集美学校。可正当陈老要一展身手的时候，战火延烧到福建，1938年厦门沦陷，集美学校随时可能遭受洗劫，于是陈老率领师生将学校迁入安溪。安溪校舍不够，学校资金短缺，陈老又将部分师生移至大田县和南安诗山。学校几经搬迁，学校分散，生员不但没有流失，反而剧增，这不能不说是个奇迹。

抗战时期，集美学校组织了"战时后方服务团""集美剧团""血花日报社"等组织；自卫队、救护队、歌咏队、演讲团也应时而生。在侨汇中断、办学极其艰难的日子里，陈老日夜奔波筹集经费。

[①] 曾清泉，《嘉庚精神的传承者——纪念陈村牧先生》，台海网，2015。

抗战胜利后，学校师生回到集美，集美学校弹痕累累，几乎见不到一座完整无损的楼房。陈老亲自撰文《战时集美学校的回顾》与《集美学校战时损失及复兴计划》，对未来的集美学校的复兴做了全面的规划。可是，此时国内战争即将爆发，学校再度陷入困境。

1949年4月，人民解放军南下，势不可挡。此时的蒋军却在校内修筑工事，学校被迫停课，集美学校又再次陷入困境。1949年9月23日集美解放，10月17日厦门解放，11月1日集美学校开学，这么快速就开学，这与陈老的竭尽心力、呕心沥血是密不可分的。

可是，这时又发生了一件令人震惊的事件。开学这一天，敌机轰炸学校，炸死高中校长、职员各一人，学生六人，共8人。学校被迫再次搬迁，分散到附近农村上课，第二年才陆续迁回集美。

1950年9月，陈嘉庚先生回国定居集美，作为陈嘉庚先生的有力助手，陈老为维修、扩建校舍，又付出了艰辛的努力。回顾历史，集美学校一波三折，无不凝聚着陈老的心血。但陈老从来不言功，默默地把全部心力倾注给集美学校，倾注给教育事业。这就是"校主精神齐赞颂，牧公业绩也难伦"的最佳诠释。

1991年，海内外校友上千人云集敬贤堂，隆重庆贺陈老执教集美学校60周年。一个个校友上台向陈老鞠躬示敬，陈老在台上一一作揖还礼，全场掌声雷动，经久不息……

今年是陈嘉庚先生创办集美学校100周年，当我们热烈庆祝这个盛大节日的时候，也觉得肩上有副沉甸甸的担子，那就是我们一定要弘扬嘉庚精神，以陈老为榜样，做嘉庚精神的传承者，把百年学村建设得更加美丽辉煌！

6 继承者六：刘玉水[①]

在惠安东岭刘厝东房荷山村的山丘上，面对崇武古城，矗立着一巍峨的建筑群。那是名闻遐迩的荷山中学和荷山小学。这里山清水秀，环境幽静，景色宜人，是个读书学习的好地方。荷山小学、荷山中学是星、马华侨刘玉水独资创办的，在惠安开了独立办教育之先河，影响深远。惠安人永记刘玉水的丰功伟绩，尊称他是"惠安的陈嘉庚"。

称刘玉水为"惠安的陈嘉庚"，妥帖与否，权当别论。刘玉水的一生，他的思想、事业，的确是和陈嘉庚紧紧相连的。如果称他为陈嘉庚的好学生，他当之无愧。

受陈嘉庚之惠 成人成才

刘玉水出生在一普通农民家中，弟妹6人，他排行老大。父亲是一成衣匠，有一手裁缝的好手艺，为了生活，四处谋生，最后来到同安县集美社。集美乃是陈嘉庚的故乡。陈嘉庚在海外锋芒初试，事业有所成就并接受了新思想后，1912年，回国筹办集美小学校。那时，刘玉水在父亲身边学手艺。裁缝铺虽小，但因刘玉水父亲人缘好，人来人往不断。店里备有茶具，村社的人聚在一起，泡茶聊大天。刘玉水烧水冲茶忙个不停。陈嘉庚习惯于早晨散步。每天，他都沿村社的道路走过，也常到小店驻足，闲

[①] 章仲，《刘玉水：陈嘉庚的好学生》，《百年树人》，集美校友总会，2013。

谈品茶，和刘玉水父亲的感情慢慢融洽起来。刘玉水正当少年，浓眉大眼，一身英气，且手脚勤快，陈嘉庚对他颇有好感。

1913年2月，陈嘉庚创办的集美小学正式开学，招收学生135名。学校分两等，高等一级和初等四级，学生都是原来在各房办的私塾读过书的学生，年龄相差很大。刘玉水当时虽岁数较大，也入了学。集美小学是闽南开天辟地第一所新型小学，刘玉水算是集美学校最老的校友，也是陈嘉庚办新学的第一批门生。

以后，刘玉水到新加坡闯天下，便去拜见陈嘉庚。陈嘉庚有非凡的识才慧眼，看出刘玉水是一可造就的人才，加上他与刘玉水父亲的交情，便接受他在陈嘉庚公司做事，派他到泰国陈嘉庚公司谦益胶业任职。以后，又委以重任，令其独当一面，任经理。

在刘玉水为陈嘉庚公司服务期间，陈嘉庚公司经受了第一次世界大战所造成的灾难性冲击。刘玉水亲眼看到陈嘉庚公司所受的冲击，也看到陈嘉庚临危不惧，从容应对，在危机之中看到商机，另辟蹊径，投资航运业，获得巨额利润。刘玉水从陈嘉庚在商海的惊涛骇浪中表现出的智慧和谋略中，学到不少经验，大大地丰富了他的经营才干。

效陈嘉庚之法　鸿图大展

1925年，刘玉水离开陈嘉庚公司怡保分厂，于瓜拉江沙与太平创设中南树胶加工公司。他又以一万元的小小资本，在槟城开了一家橡胶店，叫启成公司，经营橡胶买卖。后来，几位同乡友人加入，合股经营，店号改称大成树胶公司。公司扩大业务范围，添设橡胶加工厂、橡胶熏制厂等。

不久，世界不景气袭击全球，各行各业一片凋零。胶业不景气，奄奄

| 陈嘉庚的故事 |

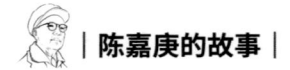

一息,大小胶园几成废墟,无人问津,胶园主惶惶不可终日,刘玉水也愁眉不展。他在陈嘉庚公司学到的处乱不惊的胆识使他能沉着应对。他想起几年前陈嘉庚的"人退我进"策略。

1922年,陈嘉庚在开办厦门大学之后,第六次出洋回到新加坡。他一登岸,看到胶市一片惨象,橡胶商纷纷抛售橡胶园和工厂。面对这严峻的局面,陈嘉庚果断地做出决定,改变经营方针,采用了与其他人完全不同的策略,在马来亚各地大量廉价购进胶园、胶厂。他称之为"人退我进"的策略。不久,胶价转涨,陈嘉庚大获其利。

刘玉水效陈嘉庚之法。他抓住时机,以低廉的价格在中马、北马购置大片橡胶园,扩展橡胶经营。果然,1933年5月,英国政府为摆脱经济危机,实行税制改革,大幅度提高外国商品进口税。马来亚是英国的殖民地,成不断加税之列。7月,胶价回升,每担由原来的5元涨到40元。第二年又直线上升。刘玉水等人的大成橡胶公司因此赚了大钱。

此后,合股人抽回股本,各图发展。刘玉水则独自经营大成公司。他多年任职于陈嘉庚公司,深受陈嘉庚崇高精神的影响。他勤谨吃苦,俭朴自律,诚信待人,公平交易,树立了良好的企业形象和商业信誉;他善于经营管理,勇于开拓进取,业务拓展至印尼苏门答腊、棉兰、巴东等地。刘玉水宏图大展,成为星马胶界巨子。

刘玉水发了大财,加上他秉性刚直,宽容大度,诚恳谦恭,乐于助人,因此在槟城华人社会享有极高的声誉。他在槟城阅书报社、《光华日报》、橡胶公会、惠安公会等社团任重要职务,成为槟城杰出的侨领。

应陈嘉庚之召 爱国抗日

1937年7月7日卢沟桥事变，抗日战争爆发。在此国难当头的时刻，刘玉水挺身而出，响应陈嘉庚的号召。1938年，他以其在槟州的影响，组织起"南侨总会"槟城分会，会址设槟城阅书报社。南侨总会的全称是"南洋华侨筹赈祖国难民总会"，会址设新加坡，陈嘉庚任主席，刘玉水与李光前等任常务委员。槟城分会在刘玉水等人的领导下，团结各爱国侨团、爱国人士，联络工、农、商、学各界爱国同胞，开展筹赈募捐活动，支援祖国抗战。刘玉水率先垂范，慷慨解囊，捐献巨金，购巨额爱国公债。他敦请侨胞有钱出钱，有力出力。槟城侨众跟着刘玉水，踊跃募捐筹款。槟城分会还组织华侨抵制日货，声讨卖国求荣的汉奸，声势浩大，震撼槟城全岛，影响直至北马、中马各地。在刘玉水等人的发动下，槟城的华侨，积极响应南侨总会主席陈嘉庚的号召，选派机工（即汽车司机和修理工）参加南侨机工回国服务团，回国在西南运输线上服务，驾驶汽车奔驰在滇缅公路上，为抗战运送战略物资。

在祖国抗日战争中，南侨总会发动华侨捐款、购买国债、汇款回家，为抗战提供了大量的外汇，使中国政府避免陷入财政危机；三千多热血青年参加了陈嘉庚组织的南侨机工服务团，直接参加祖国抗战，一千多人血洒疆场。槟城的华侨，和新加坡、吉隆坡的华侨一样，在刘玉水的带动下，在这场关系民族危亡的生死搏斗中，起了重要作用。刘玉水报国的赤诚之心感天动地。

刘玉水还发动槟城的富侨，响应陈嘉庚的号召，投资在重庆创立中国胶厂股份有限公司，制造汽车轮胎，日产百只。其机器和技师都由刘玉水

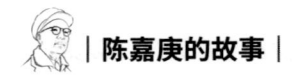

发动槟城的侨胞负责。

陈嘉庚和刘玉水关系十分亲密。1940年，陈嘉庚回国慰劳结束后回新加坡途中，从仰光乘轮船到槟城，刘玉水到码头迎接，陈嘉庚在刘玉水处住了三天，陈嘉庚出席各种欢迎会、报告会，刘玉水作陪。

救陈嘉庚之危 避难爪哇

1941年12月8日，太平洋战争爆发，日军南侵。1942年1月31日，英军炸毁新加坡通往柔佛的大铁桥；入夜又炮轰柔佛的所有高大建筑。英军已决定放弃新加坡。

然而，就在这一天，英政府却打着"武装民众"的幌子，给华侨发枪，让他们在英军撤退之后去抵御入侵的强敌，并把此事委交陈嘉庚负责。陈嘉庚不愿拿华侨青年当炮灰，表示不赞成此举。可是，重庆国民党要人容不下陈嘉庚，在通知撤退的华侨领袖的名单中没有陈嘉庚的名字。日本人登陆在即，陈嘉庚处于十分危险的境地。

就在此时，刘玉水不顾自己的妻子儿女，冒险抢在英军炸毁柔佛大桥之前，奔赴新加坡，劝说陈嘉庚及早撤离。2月3日一大早，刘玉水等三人护送陈嘉庚登上一艘小汽艇，驶离新加坡。小艇经马六甲海峡，抵达印尼苏门答腊岛的淡那美。他们一路辗转，历尽艰辛和风险。在当地华侨的帮助下，陈嘉庚和刘玉水取得进入巨港的通行证。但待他们往巨港时，日军伞兵已进入巨港，荷兰守军望风而逃。他们只得改变行程，放弃往雅加达的计划，前往爪哇。那时，往爪哇的船已停开。一天，陈嘉庚风闻巴东有船开往爪哇，便令刘玉水去打听个虚实。传闻属实，但船票十分难买。在当地华侨吴顺通的努力下，终于买到船票。那船只有30多个座位，而船上的乘客已多至一百多人，拥挤不堪。吴顺通送陈嘉庚和刘玉水上船，并陪他们直到午夜才返回。船上只有刘玉水陪伴着陈嘉庚，其他乘客绝大部分是荷兰军政人员，房厅及舱面都被他们占满，真是连个落脚的地方都没有。

刘玉水是个机灵人，他给役夫十盾钱，那役夫答应他们晚上在餐桌上睡觉。半夜，刘玉水口渴难忍，睡不着觉，想去取水。过道上，那些荷兰军政官员和他们的太太、小姐、少爷们，也顾不上绅士风度和为官的尊严，横七竖八地卧着，叫人无处下脚。陈嘉庚怕他踩着人，打手电为其照路，却招来了荷兰人的一顿臭骂。陈嘉庚和刘玉水都不懂他们骂些什么，但他们口气中饱含的那种骄横和鄙视已表达了一切。这些人在日本人的枪炮下，被驱犹如犬与鸡，在中国人面前却大抖威风。陈嘉庚和刘玉水胸中充满了"国弱民受人欺"的悲愤。

在爪哇，刘玉水一路陪伴陈嘉庚。4月初，日军大肆搜捕华侨，形势十分危急。一天，在一个叫日惹的火车站，刘玉水伴着陈嘉庚在厦大和集美校友护送下，正准备检票进站，突然遇到日军检查身份证。鬼子已风闻陈嘉庚到爪哇，正在搜查他。陈嘉庚和刘玉水都没有身份证。在他们前面有几个没有身份证的人被查出，痛打一顿后就被抓走了。就在这千钧一发之际，随行的厦大校友廖天锡乘日宪兵不注意，使劲往前一涌，陈嘉庚和刘玉水趁机闯过检票口。日军过来阻拦，把廖天锡挡住。而他有身份证，安然过了关。陈嘉庚真是虎口余生！

刘玉水保护陈嘉庚最后到达玛琅。刘玉水是一个闲不住的人，喜欢交际，和朋友往来，这对匿居中的陈嘉庚的安全是很不利的。为确保安全，刘玉水另觅住处，但经常过来看望陈嘉庚。在校友的照顾和掩护下，陈嘉

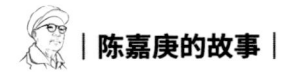

庚在刘玉水等人的陪伴下，度过了三年又八个月漫长的匿居生活，直至抗战胜利。

走陈嘉庚之路　爱国兴学

刘玉水长期追随陈嘉庚，受陈嘉庚爱国兴学思想的熏陶，从青年时代起，就热心教育，走陈嘉庚倡导的爱国兴学之路。早在1925年，刘玉水回国探亲时，就冲破重重阻力，将家乡的私塾改为学堂，命名为荷山学校。他那时还是个公司雇员，薪水微薄，靠省吃俭用省下钱来，汇回家乡，独力维持学校的办学经费。

抗战胜利后，刘玉水回到新加坡，收复被日本军政没收的家业。第二年，他派次子刘德芳等回家乡，着手兴建荷山小学校舍。1948年荷山小学从旧祠堂迁入新校舍，这是刘玉水在兴学路上走出的又一步。刘玉水兴学之志不仅仅是办一所小学，而是还要办中学和其他专业学校。

1950年，刘玉水的事业有较大发展，便决定开办荷山中学，并在荷山周围兴建净峰、延寿、湖坝头、东岭、潘湖、西埔6所小学的校舍。刘玉水此举一方面是为方便儿童就近入学，一方面是为荷山中学培养合格生源。

荷山中学校址是刘玉水亲自选定的。这原是一片荒冢，唤作"后山仔头"。刘玉水发誓要把这片坟地变为无价之宝的"状元"宝地。他亲自制定校舍平面布局图，并在该图的左上角亲手写下"荷校不成，玉死不休"的誓言。

荷山中学于1950年春正式开办，并开始招收初中班，同时，不断兴建校舍，至1954年已初具规模。荷山中学的校舍，无论规模还是格调，都堪称惠安一流。荷山中学和集美中学、国光中学（南安闻侨李光前创办）齐名，被称为闽南三大侨校，驰名海内外。

1954年，朝鲜战争结束后，资本主义世界出现严重的经济衰退，胶价猛跌，售价只及原来的十分之一。刘玉水的生意无例外地受到冲击，企业亏损惨重，经济陷入困境。但在极端困难的情况下，他像陈嘉庚一样，表现出坚强的爱国兴学的意志。陈嘉庚在企业十分困难的情况下，面对银行财团的压力，发出"宁肯企业收盘，绝不停办学校"的豪言，不惜"出卖大厦，维持厦大"，倾其家产，维持集美、厦大两校。这是古今中外兴学史上之绝唱。刘玉水在困境中，为使学校不至于停课中断，不得不电恳政府接办，而他仍提出校舍基建费由他承担。虽然他的经济情况十分窘迫，但他想方设法履行诺言。从1955年至1957年的三年间，刘玉水投入人民币40多万元（可购黄金5000两），兴建校舍，改善办学条件。从1946年至1960年，刘玉水在家乡捐资建校办学经费超过百万元，可购黄金1.25万两。

刘玉水在侨居地极力提倡华文教育，宣扬华族文化。他对槟城所有华文学校无不乐捐巨资，尽心扶持。他独资在槟城创办小留村小学，还为槟城钟灵中学捐献巨金，还参与筹划，奔走呼号，为该校募捐筹款。他是槟城许多著名的华文学校董事会负责人。新加坡南洋大学创建之时，陈六使任首届理事会主席，他任副主席，尽管他当时银根十分短缺，仍带头捐献20万元。1963年，南洋大学遭遇逆境，他毅然提出任南大代理事长，与当局反复谈判，力图挽狂澜于既倒。

陈嘉庚倾家兴学，刘玉水为教育尽心尽力。

| 陈嘉庚的故事 |

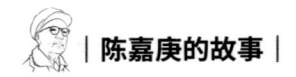

承陈嘉庚之风 诚挚求贤

　　陈嘉庚事业成功的一个重要原因是他独具识才慧眼，知人善任。许多老一代著名华侨企业家，如陈六使、李光前、刘玉水都出自他的门下。陈嘉庚办学，慎选校长，也留下许多感人的故事。

　　他聘用林文庆为厦大校长，叶渊、陈村牧、叶振汉主持集美学校，既表现出他选才之能，也表现他求才之诚。

　　刘玉水承袭了陈嘉庚诚挚求贤之风。

　　1948年，荷山小学校舍刚建就，刘玉水便开始筹划办荷山中学。那时，正好集美学校董事长陈村牧到新加坡向陈嘉庚汇报抗战期间集美办学情况。刘玉水知道之后，特地从槟城赶到新加坡，拜会陈村牧，恭请陈村牧到槟城一游。他陪同陈村牧巡视工厂、橡胶园，向他表明自己办荷山中学的决心，恳求他帮忙，兼任荷山中学董事长之职。他的一片诚挚之心深深地打动了陈村牧。陈村牧表示愿意考虑他的请求，并向陈嘉庚汇报。陈嘉庚对兴学之举一贯乐于帮助支持，同意陈村牧兼任荷山中学董事长。在陈村牧主持下，荷山中学筹办进展顺利迅速，一年多便开始正式招生。

　　1952年2月，刘玉水委派谢良顺从槟城回荷山主持建校工作。谢良顺是刘玉水公司人员，办事认真负责，细致可靠。刘玉水心中早就认为他是最合适的人选。可是，要劝说谢良顺离开繁华的槟城回到贫穷艰苦的荷山，他真不知如何开口。接连好些天，他约谢良顺喝咖啡，谈天说地，但要说的话到嘴边又收回去，顾左右而言他。谢良顺觉得刘玉水心中一定有什么要事又不便启齿，便试探性地问道："玉水叔，你有什么事要我办吗？有话你尽管吩咐，我一定尽力。"刘玉水这才把要派他回荷山的想法告诉他，谢良顺听到刘玉水的话，二话没说就答应回荷山。

谢良顺回荷山担任建校委员会主任，主持建校工作，随即着手兴建学生宿舍、厨房、膳厅及其他生活设施。谢良顺在荷山中学做出的成绩证明了刘玉水识才眼光的敏锐和用人之道的高超。在惠安东岭镇，除了荷山中学之外，还有两所颇负盛名的侨办学校，一所是新加坡惠安乡贤王水九创办的开成职业中专学校，一所是新加坡乡贤柳妈春创办的苍湖中学。王水九和柳妈春都委托谢良顺代理办学事宜。谢良顺不负厚望，而且越干越出色。他不仅操办受托的项目，而且为热心的海外乡亲出谋划策，牵线搭桥，在家乡兴办许多公益慈善事业。他是一位知侨心、识侨情、海外同胞信得过的热心人，是一位为家乡建设作出贡献的人。派谢良顺回国是刘玉水对故乡的一大奉献。

刘玉水一生为国家、为民族、为家乡作了很大的贡献。遗憾的是，自1925年回乡一趟之后，他再没有踏上故乡的土地就与世长辞了。他生前说过："我身边没有一千、八百万，是踏不进国门的。"他说的这一千、八百万，相当于现在的几个亿。这话让人想起多少英雄"不做出一番轰轰烈烈的事业不回来见家乡父老"的誓言。

从这话，人们不难看出刘玉水的雄心壮志，也不难看出他力不从心的内疚。其实，他已做得很多很多，贡献很大很大。故乡人民深深地领着他的情，深深地怀念着他。他应该感到欣慰。然而，如今乡亲们只能在无限感念之余，长声呼唤：刘玉水先生，魂兮归来！嘉庚先生等着与你长相聚首！

第七章
缅怀陈嘉庚

1 陈嘉庚的精神力量[①]

去年仲夏,我到印度尼西亚、新加坡和马来西亚访问。在我所接触到的华族、马来族和其他民族的朋友中了解到,虽然陈嘉庚离开我们已有三十多年,但他的影响仍然深深地留在我国和南洋各族人民的心中。

陈嘉庚(1874-1961)一生对中华民族和南洋各族作出的贡献,是巨大的,是跨越国界和跨越世纪的。一生勤奋的陈嘉庚,不仅积累了大量的物质财富,还积累了丰富的精神财富。

陈嘉庚倾注全部财力和精力用于提高民族素质的教育事业。早在20世纪初,他就建立了一整套从幼儿教育、基础教育到职业教育和高等教育的教育体系。他从1913年开始创建的集美学村,就包括幼儿园、小学、中学、水产学校、农林学校、航海学校、女子师范学校、幼儿师范学校和商专等。稍后,又建立了厦门大学。这些学校贯穿着一个精神,就是强调教育要和劳动生产相结合;教育要为经济发展、科技进步和社会发展服务。他还在南洋各地建了许多同样性质的学校。陈嘉庚是真正舍得在教育事业上下功夫的人,其办学规模之大,强调教育之早,堪称华侨第一人。

陈嘉庚虽然富甲东南,生活却十分俭朴。他同一些拜金主义者,越富越抠门的"大款"、大富豪是根本不同的,他们赚大钱、谋暴利,无非是为了及时行乐,给自己子孙留下一笔用之不尽的遗产。这些人认为,"我

[①] 项南,纪念陈嘉庚诞辰一百二十周年,《回忆陈嘉庚》北京:中共中央党校出版社,1994:1-3

挣的钱就是我的,应该由我尽情享受"。对自己,是花天酒地,一掷千金,败坏社会风气也在所不惜。对他人,对社会,则是一毛不拔。什么扶贫济困,什么公益事业,一概不管,没有任何的社会责任心。而陈嘉庚认为,一切财富取之于社会,就应还诸社会。他一生勤俭简朴,粗茶淡饭,除倾家兴学,兴办公益事业之外,不给子孙留下任何遗产。他认为,让后人继承大量遗产,会使智者丧志,愚者更愚。世上拥有大量财产的人,鲜有超过第二代的。这些所谓合法的财产继承人,往往成为不事劳动、坐吃山空、挥霍浪费的败家子。可惜许多人至今不愿接受这个教训。

然而,我认为陈嘉庚最大的精神力量,还在于他不信鬼,不信邪,昂然挺立,不向任何黑暗势力低头。即使他的对手比他强很多倍,他也要为正义斗争到底。他对英帝国主义是如此,他对荷兰殖民主义者是如此,他对侵略中国的日本军阀是如此,他对当年消极抗日积极反共的国民党当局也是如此。

陈嘉庚对自己的朋友,对他当时梦寐神驰的延安时代的共产党人,也只愿当诤友,而不肯盲目附和。他对中国共产党在探索社会主义道路过程中的政策和若干重大决策,就不尽赞同,有些还坚决反对。他秉性耿直,从不隐瞒自己的观点。所以他就以对民族高度负责的精神,秉笔直书,痛陈利弊。当然,在那个年代,他的意见是不可能被采纳的。

经过数十年的实践检验,证明陈嘉庚的意见是对的,这已为后来社会主义建设所遭受的挫折所证实,也为共产党人自己所纠正了。只是老人早已离开人世,长眠于海滨鳌园。

当然,陈嘉庚是人,不是神,不是什么完美无缺的"圣人"。他一生中也有过缺点和失误。但瑕不掩瑜。陈嘉庚毕竟是个经历了清末、民国、抗战、避难、解放几个不同年代的伟大人物。经过长达近一个世纪的观察、历练和实践，逐渐形成了他自己独有的性格和价值观。从他身上迸发出来的这股伟大的精神力量，是我们民族取之不尽的精神财富。他受到国内外广大人民的无比崇敬，是当之无愧的。

| 陈嘉庚的故事 |

2
我所敬佩的陈嘉庚[①]

陈嘉庚先生是我一生几十年来最敬佩的朋友中间的一个。

我第一次认识陈先生,是1917年去新加坡,当时华侨领袖林义顺在会场介绍相见。那天的会,是我向侨胞报告祖国情况。那时叛国称帝的袁世凯刚死不久,军阀混战,帝国主义步步进逼,政治不上轨道,人民说不尽的痛苦。人民受了痛苦,还不认识痛苦从哪里得来,和怎样解除痛苦。看到祖国危险的前途,只有把人民唤醒起来,特别是青年辈,不论在国内在国外,急需展开教育。我所报告的,大意是这样。嘉庚先生会后特约我谈话,并告我他在原籍厦门已办一学校名集美学校,但难得相当的校长,新加坡也正在创办一华侨中学,槟榔屿也创办一华侨中学,都要我介绍校长。我那次去南洋,原是为国内创办暨南大学——初名暨南学校向南洋各大埠宣传办学目标和招收学生。陈先生对这点,尤表深切的同情。我回国后,很快地为嘉庚先生介绍了集美学校陆校长,新加坡中学涂校长,槟榔屿中学许校长。

不久嘉庚先生回国了。在种种困难之下,一心一意地独力经营集美学校,扩充为小学部、中学部、师范部、女学部、蒙养园部、通俗教育部、同安教育部,还资助同安县立男女小学,一切都亲自督导,所有经费完全由他个人担负。

[①] 作者系黄炎培。本文摘自夏蒙《第一公民陈嘉庚传》,中国友谊出版社,2013。

先生的资源是在南洋种广大的橡树园获得的。华侨橡树园,先生是先导。为了专心回厦门办学,不再去南洋。嘱弟陈敬贤去南洋经营切。所有收入,每年几十万、百万都向新加坡殖民地政府、祖国政府备案,向乡人公开报告。悉数汇归厦门,为祖国办教育事业。

新加坡西洋人商于嘉庚先生,筹办一大学,要求先生捐款,先生提出条件,要设华文科,学生至少读华文二年。订了约,先生自捐十万元,还募集几十万。先生的散财,是处处掌握原则的。

先生长期在厦门办教育,专心研究,发现种种问题,随时向我函问。一问一答,既答又问,还涉及祖国政事。先生亲笔复写给我的信,三年间,前后积有三十余封。后来嘉庚先生决心进一步办大学了。我应嘉庚先生的邀请,1919年去厦门,既看到集美学校的校地、校舍一切设备,师生朝夕认真教,认真学,又带我看到即将开办的厦门大学基地和建筑中的校舍。我也同意于他预定聘请南洋侨界负有盛名的林文庆为校长。所特别使我大大感动的,先生自身衣服朴素,起居俭约。我曾访先生的家庭,先生先辈是寒苦的。先生发了那么丰富的资财,从没有在故居添置一椽一瓦,添一些时新装饰,完全符合"放庐"两字。而先生所办的学校校舍那么辉煌宏伟,都是我所亲眼见到的。"大公无私",先生真当得起这四字。

先生给我看亲笔所写筹办厦门大学附设高等师范学校通告,附大学计划:(节原文)中国"门户洞开,强邻环伺,存亡绝续,迫于眉睫。吾人若袖手旁观,放弃责任,后患何堪设想!"我"久客南洋,心怀祖国,希图报效,已非一日。"拟"创办大学校附设高等师范于厦门。""大学生不分省界,高等师范,闽省、他省规定名额。""民心未死,国脉尚存,四万万人民的中华民族决无甘居人下之理。今日不达,尚有来日。及身不达,尚

|陈嘉庚的故事|

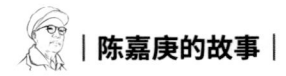

有子孙。""唯是个人之力有限，望海内外同志共同负责。"这些话给予海内外同胞以大大感动。

对日抗战开始，我全心全力地忙于当地组织和各地奔走宣传，这时间，和先生失去了直接的联系。

解放了，我和先生很早通电致意，先生很早来京参加新中国组织，在党和毛主席领导下，致力于祖国社会主义建设，并努力推动海外侨胞的团结。先生凡有发言，都忠诚耿直。这是先生一贯的作风，他的内心总是拥护党，拥护政府。

先生患了顽固的病，由于党和政府对先生种种关怀，医务工作者积极治疗以及医药方面的种种优越条件，绵延了三年多，我以老朋友资格最后省视，先生慷慨地对我说："我太惭愧了，你我年龄相差不过三四岁，你能跑来跑去为人民服务，我常年在病榻上，真对不起老百姓。"我答："先生贡献太多了。国内国外，那么多新生力量，中间一部分还不是先生一手培育起来吗！新中国的社会主义革命和社会主义建设的光辉成就，都有先生贡献的一份力量在内。"

嘉庚先生长逝了。解放十多年来，先生所办各种学校，早整个地捐献给国家了。但原来承担的常年经费还是由先生捐献。

我所认识的不少资本家，尽管是"民族资本家"，很少像陈嘉庚先生尽其所入归公，一点不留私有。我愿再说一遍：陈嘉庚先生是我几十年来最敬佩的朋友中间的一个。

3 我所认识的陈嘉庚[①]

行高于世，自有口碑。我从小就听到许多关于爱国华侨陈嘉庚先生的感人事迹，尤其是关于他的"倾资兴学"。我因而十分崇拜他，觉得他这个人很伟大。后来，我在先生创办的厦门大学学习并工作过多年，尤其是自1937年有幸第一次见到他老人家并在新中国建立前后和他有过多次接触后，我对先生的事业、思想和人品有了深刻的认识。

今天，当我们纪念陈嘉庚先生诞辰一百二十周年的时候，我想起毛泽东同志对他曾有过"华侨旗帜民族光辉"的历史性评价，就我个人的感受而言，我觉得先生确实是当之无愧的，他是一位永远值得后世怀念和学习的典范人物。

一

陈嘉庚先生独立创办了十几所大中小学和多所专科学校。办学中，他深得其胞弟陈敬贤先生的鼎力协助，在集美学村和厦门大学，人们通常称陈嘉庚为"校主"，称陈敬贤为"二校主"，这种特殊的称呼很能说明陈家兄弟与兴办教育的渊源关系和人们对他们的崇高敬意。

陈嘉庚先生首先是在家乡集美陆续创办了各种类型的学校，包括男小、女小、男中女中、男师范、幼师、水产、航海、商业、农林、国学专

[①] 卢嘉锡．回忆陈嘉庚．北京：中共中央党校出版社，1994：4-11．

| 陈嘉庚的故事 |

科学校等，此外还附设幼稚园、医院、图书馆、科学馆和教育推广部，统称集美学校，后来定名"集美学村"。其后，又在厦门创办了厦门大学。

集美学村中最有影响的当推航海学校，它是新中国建立前我国仅有的两所航海专科学校之一（另一所在上海的吴淞），是当时我国培养航海人才的重要基地，并形成了国内航海方面的两大学派之一。1949年以前相当部分的船长、大副、二副等高级船员大都出自集美航海学校。

从今天来看，陈嘉庚先生当年创办集美学村确是一个很了不起的创举。办教育可以说是让人们摆脱精神方面的"贫困"，这同摆脱物质方面的贫困一样重要。联想到现在的某些"大款"们手里有钱以后，就吃喝玩乐，一掷千金，更显出了陈嘉庚先生的伟大和远见卓识。

厦门大学是我学习和长期工作过的母校，相对来说，我对陈嘉庚倾力创办和维持厦大的业绩更有切身的感受。我在厦大读书期间（1928-1934），就曾为自己的出生地厦门有这么好的一所高等学府而深感庆幸，要不然，像我这样一个"穷教书匠"的儿子，到外地上大学将是一个沉重的经济负担。私立时期的厦门大学较之旧时代国内其他大学有许多优越之处，就教授薪金定为三百块大洋这一项就为国内大多数大学所望尘莫及。可是后来我了解到，为办好厦大，校主在海外却承担着比我这样的学子更难以想象的巨大经济压力。

陈嘉庚在海外的经济事业曾有过辉煌的成功，但随着资本主义经济危机的加深，他的事业从1926年起开始走下坡；至1928年，整个资产损失过半；而后遇上世界经济大恐慌时期，在垄断资本集团的打击下，他的企业被迫改为股份有限公司，最终于1934年底收盘而宣告破产。但是众所周知，这一时期乃至尔后的三年里，厦门大学的经费仍然依靠陈嘉庚先生的支持。就创办和维持厦门大学整整十六年（即私立时期）这件事来看，他是竭尽全力、超负荷地坚持过来的。

爱国爱乡说起来是炎黄子孙的一种天性，古往今来亦不乏热心公益、捐资办学的实业家，然而像陈嘉庚先生那样倾"资"而"捐"者世所罕见。他一生为教育捐款的数额累计起来有几千万元，几乎相当于他"弃走海外，茹苦含辛数十年"积攒起来的全部财产。个人在海外取得事业的成功本来就很不容易，成功之后把一切成果献给祖国、献给家乡，捐给培养下一代的教育事业，这是何等博大的胸怀和献身精神！

二

我一直渴望着能够一睹校主的风采和亲聆教诲，这一愿望终于在我出国留学的途中得以实现。

1937年秋，我考取中英庚款公费留学，从上海启程奔赴伦敦，我乘坐的邮轮抵达途中的新加坡后停靠了两天，由于张述同学（厦大时的同届校友，毕业后即赴新谋职）的时荐，我在第二天上午到"怡和轩"（陈嘉庚的办事处兼住所）拜访了心仪已久的校主。

张述事先已向他禀明我此行是赴英留学的，校主对此甚感欣慰，对我说了不少鼓励与鞭策的话。他希望我学成之后不要忘本，要回来好好报效祖国。我怀着崇敬的心情频频点头，并表示决不辜负校主的嘱托，请他老人家放心。

我至今记得那次见面的日期是1937年8月26日，当时距陈嘉庚和各地侨领筹划成立"南侨总会"为时已不远，他吃、住和工作都在"怡和轩"，可见是很忙的。在这种时候，年逾花甲、德高望重的著名华侨领袖

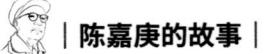

陈嘉庚乐于接受我这样一个素昧平生的小青年的拜访，足见他毫无大人物的架子而对来自故国故乡的学子充满关切和期望。令我深为感激的是，许多年以后，校主有一次回国，到厦大后还关切地问道："怎么不见卢先生？"同事们忙告诉他说我出差了。我和校主并无特殊的关系，在此之前也没有多少接触，他却能记住并如此关心一个从事教育工作的晚辈。

第一次见面还给我留下很深印象的是，他反复谈论着兴办教育、培养人才的重要，他是把"兴学育人"同民族振兴的事业紧紧地联系在一起的。这曾引起我长时期的思考：他为什么特别重视教育？

今天，当我们谈论"科教兴国"的时候，我们明白"教育"和"科技"都是兴国的重要支柱，因为除教育之外，科技在我国也已取得相当大的发展，特别是后者已成了"第一生产力"。可是在新中国成立以前，情形远非如此。由于中国在近代科学上的"空白"，逼得我们只能走出国门做西行取经的"唐僧"。像我这样在30年代出国留学的大概属于第二代，第一、二代留学生的任务主要是把国外先进的科学技术搬回来，回国以后主要是当"教书匠"，把"搬"回来的东西传授给自己的学生，传给下一代。就我个人而言，是到60年代以后才有条件专心致志地从事和组织科学研究的。用历史的眼光看，陈嘉庚当年强调教育，实际上也就包括强调学习先进的科技知识，他认为"教育不振则实业不兴，国民之生计日……自非急起力追，难逃天演之淘汰"。这显然代表了那一时代最富有远见的中国进步人士的先进思想。

三

新中国成立前后，我和校主有了较多的接触。

1949 年 5 月，他应邀回国参加中国人民政治协商会议筹备会议，当时已接近全国解放，可是偏隅东南一隅的厦门尚处在黎明前的黑暗之中。校主回国之前，我曾以厦大校友总会理事长的身份，致函邀请他老人家回国后顺便到厦门大学检查工作。此函后来刊登在当时的厦大校刊上，为此惹恼了当时的国民党厦门当局，以致把我列入了"黑名单"。

我记得陈老先生应邀抵厦时，厦门市刚刚解放（10 月 17 日）不久。那一天，他在"映雪楼"东膳厅为全校师生作了一场相当精彩的报告。当时汪德耀校长出国在外，主持报告会的是代理校长陈朝璧教授，他要我协助他做些工作，并要我一起上主席台。

翌年（1950 年），陈嘉庚即回国定居集美直到逝世，他把晚年的时间和精力都奉献给了两校的建设。这一时期担任厦大校长的是王亚南教授，校长和校主之间，自然有许多面晤的时候，特别是为扩建校舍的事。可是因为陈嘉庚不会讲普通话，而王亚南听不懂闽南话，于是王校长便拉我居中当个翻译，后来有好几次，王校长干脆让我代表他本人与陈老先生直接联系。

从这一时期（至 1958 年我奉调赴榕参加筹建福州大学为止）的接触以及耳闻目睹的大量事迹来看，陈嘉庚爱国之深切，兴学之诚毅，品格之高尚，确实无与伦比而感人至深！

他一生创办了那么多学校，捐建了那么多校舍，但在他生前，他不允许在这些学校，哪怕是一座大楼镌上自己或他胞弟陈敬贤的名字。厦大早期有一座楼原以"敬贤"命名，为的是纪念曾为厦大的建设和发展作出重要贡献而英年早逝的"二校主"，陈嘉庚知道后即予以制止，后来那楼名就改为"群贤"。在他看来，他兄弟二人的全部贡献，只是聊尽"国民一

陈嘉庚的故事

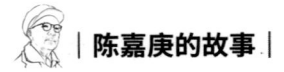

分子之天职"，不值得居功留名。今天我们在厦大见到的"敬贤楼"，乃是陈嘉庚逝世以后兴建和命名的……

陈嘉庚先生在社会上传为美谈的事迹很多，有一件事尤其令人难以忘怀：新中国成立后，在陈嘉庚多次建议和奔走之下终于建成了鹰厦铁路，他应邀出席了在鹰潭举行的通车典礼。为了迎接陈嘉庚，当时的鹰潭市市长特地备了丰盛的宴席，可是在宴会上，陈老先生坐在那里一口也没吃。市长感到莫名其妙，不知道是什么地方"冒犯"了陈老先生，于是上前连连道歉。这时，熟悉陈嘉庚的人告诉市长：您要请陈老先生吃饭的话，最好就是给他上地瓜稀饭……这话听来令人难以置信，但陈老先生确实如此，他的生活一向十分简朴：居室很简单，陈设也很简陋；山珍海味似乎与他无缘，地瓜稀饭即是他一生的主食。他没有任何嗜好，烟茶酒从来不沾。他一生奉行的信条是："该用的钱，千万百万也不要吝惜；不该用的钱，一分钱也不要浪费。"他请别人吃饭，也是极为简单。

爱祖国，重气节，倾资兴学，不图名利，自奉俭朴，一切以国家和民族的利益为根据、为依归……这一切并不带任何"新潮味"，却是臻于极境的懿德嘉行，是陈嘉庚留给下一代的极为宝贵的精神财富，它将永远垂范后世，永放光芒！

4 嘉庚风浩荡[①]

有位朋友跟我讲过,1946年在香港曾经见过一种叫《嘉庚风》的刊物。"嘉庚风"这个说法我觉得是太有水平了,这是对陈嘉庚先生的社会贡献和社会需要陈嘉庚精神的最生动、最形象的概括。

风,本是空气流动的现象。《说文·风部》把风分为八种:"东方曰明庶风;东南曰清明风;南方曰景风;西南曰凉风;西方曰风;西北曰不周风;北方曰广莫风;东北曰融风。""风"字引申出来的意义却远远不止八种,至少可以列出十几种。常见的有几种一是作作风、风度讲,如《孟子·万章下》:"故闻柳下惠之风者,鄙夫宽,薄夫敦。"晋潘岳《秋兴赋》:"闻至人之休风兮,齐天地于一指。"《魏书·杜铨传》:"铨学涉有长者风。"一是作教化、教育、感化讲,如《古今韵会举要·东韵》:"风,王者之声教也。风,上行下效谓之风。"《汉书·武帝纪》:"导民以礼,风之以乐。"唐李白《虞城县令李公去思颂碑》:"革其俗而风之,渔其人而涵之。"就以"风"字这两方面的意思来看,"嘉庚风"起码涵盖了这三层的含义:其一,嘉庚之风也,即嘉庚的精神和道德风貌;其二,嘉庚的道德、精神可风;其三,学习嘉庚精神蔚然成风。以寥寥三字概括这么多的内容,可以说是言简意赅,高明之至。

在陈嘉庚先生身上,确实有一股强大的"风"。这股风的内涵,主

[①] 任镜波,嘉庚风浩荡,北京:中央社会主义学院学报,1995(2)。

|陈嘉庚的故事|

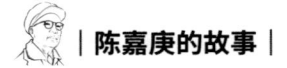

要的就是称赞陈嘉庚先生的"爱国的精神，重视教育的思想"，还有是他"轻金钱，重义务，诚信果毅，嫉恶好善"的高尚品德。

人们都称嘉庚先生为"爱国老人"。"爱国"可以说是溶入了他的血液。他一生都以自己独特的身份和方式，赤诚地爱着祖国，"为民族解放尽最大努力"。早年他就加入了同盟会，资助孙中山先生的革命事业。在攸关民族存亡的抗战中，他更是以"一介在野之身"奔走呼号，"为团结抗战受无限苦辛"。他亲自担任"星华等赈会""南侨总会"主席，第一次把南洋一千万侨胞发动起来，为支援抗战踊跃捐疏。他还亲自率领"慰劳团"回国，亲临延安，指出"中国的希望在延安"。他那"敌未出国门，言和即汉奸"的"千古第提案"和他避难印尼时，身怀氯化钾，发誓"何时不幸被俘虏，抵死无颤谄事敌"的崇高气节，尤为可歌可泣！

嘉庚先生还把爱国落实到倾资办学上。他认为"教育乃立国之本"，因而倾尽自己的资财和大半生的心血来办学，"宁使企业收盘，绝不停办学校"，在海内外一共兴办、资助了100多所学校。有人估计过，陈嘉庚先生一生倾资办学的费用，如果以80年代黄金在国际市场的价格来计算，大约达一亿美元。这在中国教育史上，在中国近代教育史上，都是无与伦比的，可谓是"千古一人"。

嘉庚先生以"诚毅、俭朴"来训勉学生，也把它作为自己生活的信条。他经商赚钱，从来取之有道，去之有义，从不损人利己。他疾恶如仇，从善如流，敢做别人不敢做的事，敢说别人不敢说的话。当年访延安后，他抱着"身家可以牺牲，是非不可不明"的勇敢的态度，向国人宣布国共摩擦的真相，并"断定国民党蒋政府必败，延安共产党必胜"。对"知我者党也"的中国共产党，他也只当诤友。他自奉俭朴，回国定居后，仍居旧室，月薪300元，除自定每月15元伙食费外，余下的全交集美学校公用。他临终时，还把所有的遗产300多万元全部献给国家，而且念念不忘集美学校的发展和祖国的统一。

嘉庚之风的内涵实在是太丰富深刻了，拙笔难以尽述，仅是上述挂一漏万的简单勾勒，就足以令人感动不已了。

嘉庚精神可风，学习嘉庚精神也渐已蔚然成风。在陈嘉庚先生的影响下，陈六使、李光前等一大批华侨不仅协助陈嘉庚办学，而且相继在海外兴办华侨教育和在家乡捐资兴学，开创了一代兴学新风。据不完全的统计，南洋各地侨校，在"抗战前夕达到2000余所，男女学生40万人，教育和国语普及的程度超过国内"。1949年，福建省侨办的中学就有48所。据1950-1959年的不完全统计，福建省由华侨集资新办的中学有64所，文化补习学校38所，单独设立的文化补习班46处，补习小学967所。近十几年来，又有更多的华侨、华人抱着弘扬陈嘉庚精神的愿望回来捐资办学，各级、各类和各种形式侨办、侨助的学校犹如"雨后春笋"蓬勃发展。去年，福建省接受华侨、华人捐赠的总数为五亿多元，其中近一半是投入教育。就在我们集美校友中，也有创办培文师范、慈山学园、泉州黎明职业大学、福建社会音乐学院的。李嘉诚先生创办汕头大学，他自己说也是受了陈嘉庚的影响，要学习陈嘉庚。

嘉庚风浩荡。嘉庚之风，已吹向神州大地，吹向海内外炎黄子孙的心坎，也正在吹向世界。陈嘉庚国际学会的成立和他们卓有成效的活动，以及即将挂牌的集美大学，这些都是很重要的标志。今天，我们国家正在建设有中国特色的社会主义，更需要让"嘉庚风"更加强劲地吹起。因为，在新的历史条件下，需要继承和发扬爱国主义传统，振奋民族精神，凝聚

| 陈嘉庚的故事 |

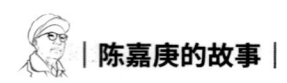

全民族力量；需要全社会"尊师重教"，把教育摆在优先发展的战略地位；需要各族人民坚持自力更生，艰苦创业的精神。而"嘉庚风"正是进行这些教育的瑰宝。

附　录

| 附 录 |

1
有枝才有花 有国才有家[①]

各位女士、先生、同学们：

大家好！我这次率领"南洋华侨慰问团"回国慰问前方浴血奋战的抗日将士，在结束了对各个战区的慰问之后，慰问团的多数成员已回南洋，我心里牵挂着由于战乱而颠沛流离的集美师生，特地返回了笼罩在日寇炮火中的故乡，视察了内迁到安溪的集美中学、集美小学，由于当局的阻挠，我再辗转漳州、龙岩，取道永安，最后来到了我们坐落在大田县玉田村的集美联校，当我在这美丽的仙亭山下听见熟悉的《集美学校校歌》时，我感到格外亲切、格外感动！感谢大田集美联校的先生和同学们派代表专程到省城永安迎接我与陈村牧校董一行，谢谢大家在此为我们举行这样隆重的欢迎仪式！

女士、先生、同学们！"天下兴亡，匹夫有责。"日寇的铁蹄已经联了大半个中国，祖国的半壁江山沦入敌手，敌寇所到之处，掠我财产，烧我房屋，奸我姊妹，杀我百姓，他们是一群人面兽心的衣冠禽兽，妄图使我华夏灭种亡国……海外华侨也是中华民族的儿女，与中华民族的命运休

[①] 陈嘉庚校主在玉田集美职校的抗日演讲（摘要）（1940年11月14日），本演讲稿依当年听过陈嘉庚演讲的集美多名校友回忆和对照《集美校友》《厦门党史通讯》《大田文史资料》《大田革命斗争史》《玉田村史》《中国革命史长编》《华侨题专号》《新中华报》（1941年3月6日和3月13日）《华侨革命史》《华侨抗战的真实写照》《现代华侨》等资料校核整理，整理者范立洋（福建三明大田一中语文高级教师）。

| 陈嘉庚的故事 |

戚相关。看到祖国母亲受凌辱、被宰割，我们800万南洋华侨无比痛心、满腔悲愤！母亲被欺侮了，每一个中华儿女都有责任、有义务保护亲爱的母亲！当卢沟桥日寇侵华的炮声响起，我们南洋各地华侨同胞立即成立了2794个抗日救亡团体，创办了266种抗战报刊，波澜壮阔地开展抗日救国宣传，呼吁国民政府"迅速实行国共合作，动员全国兵民，一致抗日"。当战事受挫，投降、求和的逆流甚嚣尘上之时，受南洋侨胞重托，我在前年向正在重庆开会的第二届国民参政会发出了"敌未出国土前，言和即汉奸"的电报提案，获得一致通过，表明了我们中华民族举国上下宁死不屈的抗敌决心。自抗战爆发以来，我们南洋侨胞有无数的热血青年，放下书本，丢下工作，慷慨悲歌、回国参战杀敌（仅广东籍侨胞青年回国参战的就有4万之多）；有数以千计的华侨机工（仅司机、工程技术人员、机械修理工就有3000多人），放弃了安逸的生活，用自己的血肉之躯，开辟了盟国援华抗战至关重要的滇缅运输生命线；还有无数的医护人员自发组织了多批的"华侨救护队"，回国走上战火纷飞的火线，救助浴血杀敌的前方将士；有千千万万的爱国侨胞倾囊救国，从侨商巨贾到讨饭为生的乞丐，从白发苍苍的老人到初入学堂的稚童，大家万众一心、竭尽全力支援祖国抗战，为了祖国，广大华侨提出了"逃避义捐，非我族类；捐而不力，不算爱国"的口号，募捐热情之高，可谓"富商巨贾，既不吝金钱；小贩劳工，亦尽倾血汗"，其热烈情形，得未曾有……抗战三年来，我们侨胞节衣缩食，已向祖国捐献217架飞机、1000多辆救护车、23辆坦克……在两年内仅南侨总会，就募集寒衣700余万件、暑衣30万套、蚊帐8万床、药品成千上万，侨胞捐赠运回祖国的抗战物资已有300多批，每个月都在100批以上……我们侨胞这是为什么呢？就是因为"有枝才有花，有

附 录

国才有家",我们都是祖国母亲的儿女,海外华侨永远与祖国同呼吸、共命运,没有祖国的独立和富强,我们侨民就是没有父母的孩子,在南洋也永远只能是寄人篱下的弃儿、当地的末等公民……当祖国被侵略、被宰割的时候,我们华侨在南洋同样受欺凌、受压迫……我们真诚地期望祖国军民能团结一致、枪口对外、抗战到底,不惜一切代价,彻底打败日寇,光复中华!

要驱逐日寇、保我中华,就必须上下精诚团结、共赴国难。同是中国人,十指连着心。我既不是共产党员,也不是国民党员,系无党无派。大敌在前,国难当头,我不是站在共产党或国民党的立场上讲话,而是站在民族利益、国家利益的立场上讲话。我恳切地期盼国内各党派能携手团结,求同存异,不要制造摩擦、制造分裂。古话说"打虎亲兄弟""家和万事兴",只有合作抗战,才能战胜强敌、振兴民族;如果制造摩擦分裂,涂炭百姓,无异于同室操戈、自相残杀。置民族利益于不顾的党派之争,只能是鹬蚌相争、渔翁得利,令亲者痛、仇者快,我们一定要识大体、顾大局,坚持民族利益至上、国家利益至上。

各位先生、女士,同学们!我们"南洋华侨慰问团"此行回国,意在鼓励祖国同胞参加抗战之民气,了解国家抗战之实情,俟回南洋后报告侨众,以凝聚侨力,增益义捐,支援抗战。我们在新加坡启程之前,国民政府的使馆官员已多番游说,数落他党的诸多不是。说实在的,我是带着对共产党的成见率团回国的。到了重庆之后,虽受到了国府高规格的接待,却也耳闻目睹了陪都的黑暗和腐败:抗战气氛淡薄,贪官污吏横行,官商勾结,囤积居奇,结党营私,大发国难财。灯红酒绿中,政府官员醉生梦死,挥霍民脂民膏,我们深感痛心和失望,国家前途深可忧虑……蒋委员

|陈嘉庚的故事|

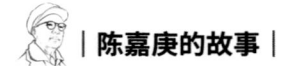

长和国民政府党政要员多方指责共产党、破坏抗战、扰乱后方……是不是这样呢？耳听为虚，眼见为实。到了西安之后，为了了解真相，也为了忠实履行南洋 800 万侨胞让我们"慰问每一个战区的抗日将士"之重托，我不顾国民政府"你是大资本家，共产党不会欢迎你，去延安生命无保障"的再三告诫，冲破当局的重重阻挠，坚持北上延安——国家处在危难关头，我身负数百万侨胞劳军之重任，岂敢以个人安危而避之？

我们这次回国慰问之行，感受最深的当属延安。5月31日傍晚5点半，当我们南侨慰问团的车队抵达延安之时，出乎意料地受到了工人、农民、学生、士兵和边区干部5000多人的夹道欢迎。次日晚上，边区政府在中央礼堂为我们举行了隆重而俭朴的欢迎晚会。在延安期间，慰问团自由地参观访问了机关、部队、工厂、学校、商店和附近的乡村，广泛地接触了各界人士，和他们进行了深入的交谈，发现这里私人商店得到保护，买卖公平自由，甚至百姓出入机关都不受限制，妇女不用缠脚，没有乞丐和无业游民，没有缚"田鸡"抓壮丁，也没有抽鸦片、狎娼妓等伤风败俗之事，百姓安居乐业，社会风气良好……这和南洋的讹传大相径庭，和我在重庆、西安的所见所闻天差地别；在抗日军政大学、女子大学、鲁迅艺术学院、陕北公学等学校，我遇上了许多从南洋归国抗战的侨生，我不善于国语，就用闽南方言和年轻人进行了自由交谈，和他们促膝谈心，侨生们满腔热忱地为我介绍了边区政府、共产党、八路军、新四军，介绍了"持久战"、"全民抗战"、开辟敌后根据地、"三三制"和正在进行的"百团大战"，等等。我接触了陕甘宁边区的党政军干部和士兵，也几次和毛泽东主席长谈。毛主席住的是普通的窑洞，穿的是打补丁的衣裤，吃的是窝窝头、小米粥。在杨家岭，毛主席为了招待我这个稀客，特地从房东那儿买了一只鸡……

我拜访了刚从前线回来的八路军朱德总司令和夫人康克清。6月2日下午，我与朱总司令一起到抗大第四分校参观，正好一些学员在比赛篮球，学员和观众见到朱总司令并没有行礼，还大声招呼："总司令，来比赛一场！"朱总司令居然脱掉外衣，和学员们赛了两场。我亲眼看见他和士兵一起，争来抢去地打篮球，亲如兄弟，没有一点将军的官架子……在他们身上，我觉察了清廉俭朴、政治清明、军民团结、官兵一致、上下平等、同心同德，这是克敌制胜之本，亦是抗战必胜之力量，此乃民族之幸事、国家之希望……我们这次访问延安最大的收获是：看到中共对坚持团结、抗战到底的方针，他们立场坚定态度诚恳；我感佩延安艰苦奋斗的精神……有了他们，中国有救星，抗战胜利有保证……抗日的希望在延安，中国的希望也就在延安！

我在各战区慰问结束之后，特意回到福建，路上见闻，感慨良多。在福州的报纸上，我看到了战乱和暴政给民众带来的痛苦：达官、富豪趁火打劫、搜刮民财，官肥民瘦，百姓走投无路、无以聊生，全家投江者屡见不鲜；从福州南下，沿途又见虐待壮丁的情形，把壮丁们五花大绑捆在一起押送，边走边打，如此壮丁上了战场如何打仗、怎样抗日？此与延安父送子、妻送郎、戴红花、骑大马、敲锣打鼓光荣参军参战的动人场景有着天渊之别。我所到之处，各界人士强烈反映福建当局擅加田赋、苛捐杂税、垄断运输、公沽统制粮盐以图谋暴利等腐败现象，生灵涂炭，百姓水深火热，令我忧心似焚……弊政不除，民众何以生存，民心何以凝聚，民力何以蓄积，国家何以御侮，民族又何以自立？先生们、同学们！青年是民族之未来，国家之栋梁，也是抗战之中坚。当厦门沦陷、美丽的集美放

| 陈嘉庚的故事 |

不下一张平静的书桌时,大田的父老乡亲伸出温暖的双手接纳了我们,为我们腾出了这么多的房屋,有的还是他们的祭祀圣地祖祠……我们一定要心怀感恩,倍加珍惜,刻苦读书,报效民众。方才,在欢迎仪式上,你们为我合唱了自己谱写的《欢迎校主歌》,我很是感动,谢谢你们。其实,我培养你们,并不是要你们替我做些什么,只希望你们努力地读书,好好做人,将来成才之后能好好地报效国家和民族。我相信:我们集美学子一定会成为民族的栋梁,决不会变成国家的害虫,更不会变成汉奸卖国贼!时逢战乱,又遇饥荒,你们吃的、住的都很艰苦,我心知肚明;但是,在此看到你们精神这样饱满,治学这样勤谨,风气这样优良,纪律这样严明,我甚是慰藉、欣喜异常!我这次回国,使命是慰问前方将士,带回来的钱、物都分给了各战区,没有给你们留下一销一厘,但我心中一直牵挂着你们,所以,不管路途如何艰险、阻力如何之大,我也一定要见见你们这些颠沛流离、漂泊在外的集美师生,想和大家讲一讲我们南洋侨胞的爱国之心,讲一讲前方将士的浴血奋战,讲一讲延安的丽日清风。今晚,我不住县城,要和你们住在一起……千言万语,说不尽对你们的牵挂,希望各位先生多多保重。集美的希望靠你们,孩子们的成长靠你们;希望同学们听从师长教诲,艰难困苦,玉汝于成,你们要立志报国,担当大任。要遵循"诚以待人、毅以处事"的"诚毅"校训,坚忍不拔,共渡难关,好好求学,好好做人,以期在不久的将来,为国家、为民族做事,为社会、为民众效力。和我们四万万同胞一起,同仇敌忾,打败野蛮的日本强盗,建设我们伟大的国家。同学们,努力啊,抗战的最后胜利一定属于我们!

| 附 录 |

2 《南侨回忆录》节选

第零零五则 与清廷脱离

余年三十七岁,即民国光复前一年春,剪去辫发,与清廷脱离关系。是年新加坡道南学校举余任总理。其时校中理事三十余人,后来改理事为校董,总理曰董事长。向黄仲涵捐款一万余元,购置校址。余乃提倡向闽侨募捐四万余元,建筑新校舍。其时国内学制虽已改革十余年,而南洋学校寥寥可数,新加坡只有广帮之养正学校,闽帮之道南学校,潮帮之端蒙学校,客帮之启发学校,琼帮之育英学校而已。女学校仅有广帮一校,余均未有。时社会甚幼稚,侨民只迷信鬼神,爱国观念、公益观念均甚形薄弱。

第零零七则 创办集美小学校

民国光复后余热诚内向,思欲尽国民一分子之天职,愧无其他才能参加政务或公共事业,只有自量绵力,回到家乡集美社创办小学校,及经营海产罐头蚝厂。故就新加坡筹备全副机器,并向日本聘一海产技师,民国元年秋回梓经营罐头厂,数月无效(见附录)。集美社始祖自河南光州固始县移来,已历二十余世,男女两千余人,无别姓杂居,分六七房。各房办一私塾,男生一二十人,女子不得入学。各房分为两派,二十年前屡次械斗，死伤数十人，意见甚深。兹欲创办小学校，必须合多一致合作，将各房私塾停罢。幸各房长听余劝告，于民国二年春所有子弟概入集美小学校，校舍暂假大祠堂及附近房祠堂开幕。学生一百五六十名，分五级，应聘校长教员七人，而同安全县师资连简易科毕业者仅有四人，人改从商业，尚余三人，乃聘来两人。查同安全县人口二十余万人，只有县立小学一校，学生百余名，私立四校，学生三百余名，连集美共六校，学生不上七百名。师资既缺，学生亦少，成绩更不足言矣。

第零二四则 倡办厦门大学

民国八年夏余回梓，念邻省如广东江苏公私大学林立，医学校亦不少，闻省千余万人，公私立大学未有一所，不但专门人才短少，而中等教师亦无处可造就。乃决意倡办厦门大学，认捐开办费一百万元，作两年开销，复认捐经常费三百万元，作十二年支出，每年二十五万元。并拟于开办两年后，略具规模时，即向南洋富侨募捐巨款。窃度闽侨在南洋资财千万元，及数百万元者有许多人，至于数十万元者更屈指难数，欲募数百万元基金，或年募三几十万元经费，料无难事。而校址问题乃创办首要：校址当以厦门为最宜，而厦门地方尤以演武场附近山麓最佳，背山面海，坐北向南，风景秀美，地场广大。唯除演武场外，公私坟墓密如鱼鳞。厦门虽居闽省南方，然与南洋关系密切，而南洋侨胞子弟多住厦门附近，以此而言，则厦门乃居适中地位，将来学生众多，大学地址必须广大，备以后之扩充。然政府未必肯给全场地址，故拟向政府请求拨演武场四分之一为校址，乃在厦门开会发表此事。

第零二五则 演武场校址之经营

　　政府既许拨演武场四分之一为大学校址，乃托上海美国技师绘校舍图。其图式每三座做品字形，谓必须如此方不失美观，极力如是主张。然余则不赞成品字形校舍，以其多占演武场地位，妨碍将来运动会或纪念日大会之用，故将图中品字形改为一字形，中座背倚五老山，南向南太武高峰。民十年五月九日国耻纪念日奠基。左右近处及后方坞墓石块不少，大者高十余尺，围数十尺，余乃命石工开取做校舍基址及筑墙之需，不但坚固且亦美观。而墓主多人来交涉，谓该石风水天成，各有名称云云，迷信之深难以言喻。余则婉言解释，至不得已则暂停工以顺其意，迨彼去后立再动工，因石众多，两三天大半都已破坏，虽再来交涉亦莫可如何，惜然回去。数月后拟再建其他校舍，不得不迁移坞墓，为屋址，乃将演武场后诸公私冢墓，立碑标明，限日迁移，并在厦门登各日报，如不自动迁移，本大学则为代迁，并规定津贴迁移费。且在数里外之山腰买一段空地，备作移葬地位。从此顺序进行，依限自迁或代迁绝不致再发生交涉，或其他事故矣。演武场地界面积约二百亩，下系沙质，雨季不湿，平坦坚实，细草如毡。北负高山，南向洋海，西近厦港许家村，东系山坡及平地。昔为阅兵场，自厦门与洋人通商，兼作跑马场，后来阅兵与跑马均废，被洋人辟为"哥耳夫"球场，厦大建筑时概已收回。教育事业原无止境，以吾闽及南洋华侨人民之众，将来发展无量，百年树人基本伟大，更不待言，故校界之划定须费远虑。西既迫近乡村，南又临海，此两方面已无扩展可能。北虽高山若开辟车路，建师生住宅，可作许多层级由下而上，清爽美观，至于东向方面，虽多阜陵起伏，然地势不高，全面可以建筑，颇为适宜。计西自许家村东至湖里山炮台，北自五老山，南至海边，统计面积约二千亩，大都为不毛之公共山地，概当归入厦大校界。唯南普陀佛寺或仍留存，或兼作校园，至寺前田地，厦大需用时，则估值收买之。厦门港阔水深，数万吨巨船出入便利，为我国沿海各省之冠。将来闽省铁路通达，矿产农工各业兴盛，厦门必发展为更繁之商埠，为闽赣两省唯一出口。又如造船厂修船厂及大小船坞，亦当林立不亚于沿海他省。凡川走南洋欧美及本国东北洋轮船，出入厦门者概当由厦大门前经过，至于山海风景之秀美，更毋庸多赘。日后如或私人向任何方面购买上节所言校界范围山地，建私人住宅，则当禁止或没收之，以免互相效尤，因私误公也。

第零三九则 济案筹赈会

民国十七年夏，蒋委员长将兵北伐，日本恐其成功，借保护日侨为名，派兵入济南，阻挠北伐军，并惨杀外交官蔡公时及许多民众，占据济南城。新加坡发起筹赈会召集全侨大会，名为"山东惨祸筹赈会"，举余为主席。两三月间筹捐国币一百三十余万元，概汇交南京财政部施赈。自筹赈会成立后，新加坡树胶公会议决，每担抽一角交筹赈会助赈，每星期汇交一次。初时依期来交，迨后则迟延日期。及日寇退出济南，筹赈会将结束，树胶公会存款六万余元，任催不交，盖因掌财务者两三人不能一致之故。其后蔡公时夫人来新加坡募捐，拟为公时办一中学做纪念。余乃召集大会通过。将树胶公会未交款数，捐作公时中学基金。再后多月树胶公会尚未交出，适华北豫陕甘旱灾，新加坡总商会组救济会，因负责者不善办理，成绩甚少，乃异想天开，谋取树胶公会存款移作救济。竟不明向余等磋商，私写约章运动数位胶商盖印承认。由是盲从签同意者七八十家，踌躇未签及反对者五十余家。首谋诸人扬扬得意，谓大半赞成便算有效。余乃登报声明该款乃山东惨祸筹赈会存款，业经某月日大会议决，捐作公时学校基金，已登报表明在案，树胶商无权擅移别用。倡谋诸人尚不甘休，屡向树胶公会迫取，该公会乃传集诸胶商开会解决，结果通过仍交还山东筹赈会。越日树胶公会开和丰银行支票一纸六万余元来交，余即转交和丰银行登入山东筹赈会来账（筹赈会始终系与和丰银行来往，树胶公会亦然）。迨至越日和丰银行始将该支票驳返，余则将原票送回树胶公会。该会主席向和丰银行交涉无效，乃以法律控告和丰银行于案，涉讼多月，和丰银行败诉，然尚不休再行上诉，后又失败。至此已拖延两年之久，树胶公会再开和丰银行支票仍旧将六万余元来交了事。此场讼案和丰银行经理在公堂被原告律师鄙辱至于无地，以为经理银行资格，复以感情作用，捣乱商业程序。盖银行可越日驳回支票，系甲银行与乙银行之例，若同是该银行出入，因故要驳回支票只以本日为限，若越日则不可也，此乃银行普通条规，稍有常识者皆能知之。然和丰银行董事长及正副经理等，非不知此粗浅常规为逐日出入支票常例，第因受人嘱托，感情用事，竟置法律于度下。闻系其夜董事及经理受对方友人要求，乃不顾损失颜面。华侨如此程度，莫怪被洋人轻视也。

第零四一则 公时纪念像

"济南惨案"发生，蔡公时先生被日本惨杀，全国同胞异常悲愤，新加坡华侨组济案筹赈会已如上述。从中两次汇款六万元，给公时家属万五千元，余分给同伴被难家属。又筹三万余元将在南京择地为公时立铜像。嗣后因公时夫人举动不端，学校既做罢议，像址及建造亦无可付托，故年复一年，至民廿五年存款除向德国购铜像四千余元（铜像现寄存新加坡三条巷南益胶厂），尚存三万元。适厦大购柔佛树胶园十六万余元，不敷三万元，保款人广客闽四人，同意借该园生息。后该园转归集美学校，民卅年将款收回，计母利三万七千余元，寄存中国银行后移交新加坡华侨筹赈祖国难民会收存。该会于新加坡失守时，尚存华侨及中国两银行十余万元。

第零四五则 国旗之意义

世界各国之国旗必有取义，如英系三岛合国，故用三色，美为联邦合国故用若干星点。我国光复后孙总理在南京就职，公决用五色为国旗，系汉满蒙回藏五族，共和立国之义，何等正大光明，宏伟美观。后来袁世凯野心称帝另有一样旗式，与五色旗无关。至军阀割据地方，仍用五色国旗，亦莫非遵守国徽，其胜败与国旗完全无关，此理至明无须多赘。乃自孙总理弃世后，国民党北伐胜利，南京政府成立，便即野心变更国旗，以为中华民国是国民党造成，应将青天白日党旗为国旗，俾国民党功勋永存，政权亦可永操。余深知青天白日党旗，系光复前孙总理在新加坡"晚晴园"议定，此系一部分人党徽，与国际无何关系。若国旗则代表全国国徽，对外对内关系至大，不但要取义适当，尚须参以美观及气概宏伟，三者缺一不可。试看该青天白日旗无一可取，言主义则泛而无据，言美观则非日非星，至若宏伟则炎光不展，气象短缩。自光复后，余对政府最不满者，首两件事，一为长衣马褂仍旧保存，一为青天白日旗换作国旗。前年余将回重庆时，曾将青天白日旗，托美术家将炎光修改，较有美术及宏伟气象，然经过数位研究，虽稍胜现状，终难满意。印百多张带至重庆。盖念国旗大事，改革至难，若但修改炎光，或可试探如何。迨至渝见诸要人情况，认为出我意外，遂作罢论。

第零五八则 清衣冠之遗留

清灭亡我中国，为我祖先深仇大敌，将我祖制全发剃作辫发，服装亦变为长衣马褂，此二者均为清胡人制度，绝非我中华民族自来所固有。民国光复后辫发裁去，不恢复全发之古制，而与世界各国同属短发，诚属妥善。惟满制长衣马褂，则仍保留不改，甚至认为通常礼服，当局之气馁妄从，违背革命真理，保存亡国风气，其弊何可胜言。至改革服制式样，如不恢复古制，亦不尚法西洋，自可研究妥善体式，取其经济与便利，则耳目一新，可除腐旧。否则虏服仍存，丑态依旧，不但世界无此服装，为人指点讪笑，且依附阶级陋习，更非平等制度。如学校教师可穿长衣马褂，学生则不可；高级军官可穿长衣马褂，下级士兵则不可；店东职员可穿长衣马褂，而劳动工伙则不可。世界无论何国有是理否？民九年集美学校修理电机，该发动机不上百马力，乃该技师只令工人开视工作，自己全不出手，不一点钟完竣，留校午饭，余与校长伴食。回厦后则大不满意，谓受我辱待，与其工人同席。如此骄傲自高，莫非因其身穿长衣马褂乎？技师亦劳工之列，有何高贵可言也。后来新加坡余树胶制造厂中电力发动机二千余马力，凡有损坏请政府电气局总技师来看，每次单身自来，脱去外衣，亲手查验，盖亦尽其义务而已。若论新加坡电力厂与厦门电气局比较，则不啻小巫与大巫，余由是更感长衣马褂之遗害。民廿三年曾著论在上海《东方》杂志发表，并函请南京政府立法院限期禁除无效。民廿七年复向重庆国民参政会提议，又不蒙采纳。越后余到重庆，曾参加开会摄影，林主席蒋委员长均到，合诸参政员及各院部要人二百余人，服装有长衣马褂者，有单穿长衣者，有中山装，有西洋装，亦有西式礼服，有军服，及蒙古西藏等服，及其他便服等，真所谓五光十色，参差不齐。现政府及参政会对清长衣马褂，虽不与余表同情，然余深信必有一日可达目的也。

第零七零则 新加坡筹赈会成立

八月十五日侨民大会开会，举余为大会临时主席，余即将昨日华民政务司佐顿君所示四条宣布，言我侨如要筹款有成绩，当注意遵守。即通过本会名称曰"马来亚新加坡华侨筹赈祖国伤兵难民大会委员会"，简称"新加坡筹赈会"，规定委员三十二名，闽十四，潮州九，广州四，琼州客帮各二，三江一，由各帮自选。大会授权委员会行事，再由委员会选主席及各职员，议决后余即宣布："今日大会目的专在筹款，而筹款要在多量及持久。新加坡为全马或南洋华侨视线所注，责任非轻。然要希望好成绩，必须有人首捐巨款提倡，此为进行程序所必然。昨经叶玉堆先生自动认义捐国币十万元（时坡币五一五申国币一百元），余则承认常月捐至战事终止，每月国币两千元。"

第零七八则 筹备南侨总会

七七抗战后，菲律宾李君清泉来函，言："南洋华侨应在香港或新加坡，组一筹赈总机关，领导募款。"余复函谓："新加坡乏相当之人请转商香港较妥。"越后又接荷印吧城庄君西言来函，嘱余在新加坡组南侨总会，所言目的与李君同样，余辞以乏相当才望，不敢接受。越年（民廿七年）夏末，忽由新加坡总领馆转来重庆孔行政院长电，云"吧城庄西言先生建议，应由君在新加坡组筹赈总机关，领导各属华侨筹款。本院已委外部，电知南洋各领馆，通知各属侨领，派代表到新加坡开会，希筹备一切。"余以国府命令当然接受。于是登报并通函英属香港、马来亚、缅甸、婆罗洲、荷属爪哇、苏门答腊、西里伯、美属菲律宾、法属安南及暹罗等处各筹赈会、慈善会、商会，订十月十日国庆日，派代表来新加坡开南洋华侨筹赈祖国代表大会，并限定大埠十二名，次八名，又次六名，旅费各自备，附列重要议案，（一）总会名称；（二）地址；（三）举主席及职员；（四）各埠会承认常月捐义款每月若干；（五）各代表提案。须于开会前七天交到本筹备处。

第零八零则 提案攻汪贼

自南京失守后，余屡风闻汪精卫主张与敌和平妥协，然不信有是事，盖日本野心欲吞灭我国，虽孩童亦晓然明白，前既侵占东四省，今又侵略华北，如与言和则华北数省复失，不数年华中、华南相继丧尽，是亡国灭族大祸，若非奸贼安肯出此。过后复闻汪屡与德国驻华大使接洽与日言和，然实否无由得知。迨广州、汉口相继沦陷，欧洲路透社电传"汪精卫发表和平谈话"，余于是始略信其有因。乃以南侨总会主席名义，发电询汪大意言"路透社电传是否事实，和平绝不可能，盼覆以慰侨众"。越日汪复电大意云，凡两国战争终须和平，以我国积弱非和平即亡国，伊主张和平为救亡图存上策。余接电始确信系实情，复发去长电二通，极陈其错误，大意谓"武力虽弱，敌寡我众，民气旺盛，长期全面抗战，华侨外汇金钱源源增加，敌绝不亡我，英美苏亦绝不坐视，若与言和，各省定必反对，分裂纷乱甚于自杀，务希惠鉴鄙言，抗战到底"。越日汪复来电，力持其主张为无上良策，嘱余劝南侨赞同其主张。计来往五电，均交各日报发表，余至此知对汪无挽回希望，复拟一电，极不客气，指他为"秦桧卖国求荣"，该电交秘书修正，尚未发出。总领事高凌百便来阻止，云"汝与汪总裁来往各两电，伊均阅悉，兹决须停止不可再发，恐贻笑外人至切至要"。余不答是否，但心鄙其无人格，臭腐一丘之貉，他去后即将电文发去，并交各日报登载。余复思汪精卫此举为何等大事，而重庆及各省何寂寂未闻有反对者，岂多表同情乎？抑畏惧不敢言乎？乃将致汪两电拍往重庆某日报请为登载。电发后两天又思渝各日报必不敢登，适参政会第二届将开会，余即拍电参政会提案，"敌人未退出我国以前，公务员谈和平便是汉奸国贼。"并电王秘书提向参政员赞同签押，（例须有二十人赞同方成提案）。后接友人来函，褚辅成君首赞成签押，不多时例额已签足，于是成案，付诸参政员讨论，时汪精卫任主席，形容惨变，坐立不安。反对提案赞成和平最力者为梁实秋，表决时大多数赞成通过，将原文文字修改减半为"敌未出国土前，言和即汉奸"。汪精卫尚晓晓不休，甚形不满。及参政会闭幕时，梁实秋甫出会门，被重庆学生百余人包围殴辱，从此之后，重庆各日报方敢稍论是非，而社会亦纷纷疵议，指为卖国。盖路透社记者虽载汪谈和平，如昙花一现，中外未有证实汪确有此坚决主张。及与余来往数电，十余日间中外报纸多有转载，至此其奸状显然大白，难免为众矢之的。加以参政会通过反对和平议案，梁实秋遭殴辱，已成四面楚歌，可惜中央政府尚予优容不即拘禁。迨汪逃至安南，余即电中央政府宣布汪卖国罪状，请革职通缉。否则，必逃往南京任敌傀儡。然政府尚徇党情不纳。其后经八九个月汪由香港而日本，始下令革职通缉，已太退矣。

| 附 录 |

第二四六则 西北之观感

　　重庆有一机关，名曰"国民外交协会"，主席陈铭枢，与余在洋原有相识，侯西反君为该会常务，告余该协会托伊来问，欲请余往演讲，可否应承。余念此回复到渝，未有与社团应酬，故许之。越日送来一柬，订七月廿五日晚，讲题《西北之观感》。是晚陈君无到，由秘书代理主席，到者数百人，座位均满，报馆记者亦多到。余先言到兰州、西宁西安等从略不赘。次及延安，为演讲此段话，引起国民党人大不满，后来生出许多事端，或云"对中共亦有相当关系"兹故详列于后。余言："余到延安，原按三天就回，衣服未有多带，甫到隔日参观女子大学，将回时李秘书上车受伤，入医院七天，故留延安至八九天之久，由是并往他处，故多见闻，然余注意在查其是否实行共产政治。前所闻人民田宅、产业、钱财、商店，均被政府没收，私人无产业，男女甚混杂，妇女为公妻等事。及到两三天，已明白传闻均失实。田园、屋宅、财产，仍民众私业，未有变更。商贩店行，亦民众自由经营，一条街道百多家，大小资本概属私人所有，政府绝无干预。余问共产政治何在？答自前年西安事变，已实行三民主义，未有行共产者。至于公妻灭人伦，则绝无其事。若男女混杂，以余所见所闻，凡男女往来起居，甚有秩序，虽多人同坐，未闻有不正当戏言，唯恋爱自由，结婚礼节极简单，只向政府登记便完。延安能通闽南语言者颇多，有南洋各属男女学生不少，闽南人及厦大、集美学生亦多有，如司法院长为厦大学生，龙岩人，文人陈必达为集美学生，财政厅长亦龙岩人，均能通闽南语。余问产业既仍民有，赋税及垦荒如何抽法？答新垦荒者首年无抽，由第二年抽起，与旧产业同。每年每季如收获植物，四百斤内无

· 181 ·

抽，上四百斤者每百斤抽斤，加收一百斤者加抽一斤半，至七斤半为止。垦荒民廿七年八十余万亩，廿八年一百廿余万亩，本年一百六十余万亩。无其他苛捐杂税。男女学生均免学费，膳宿、衣服、医药亦均免，概由政府负责，每月又给一元零用。菜资每生每日六分，如伙夫善办者每星期有一次猪肉可食。他等兼有饲猪垦荒，利益概归学校，将款添买猪肉。学生等每星期日或大日子，须下乡村演说，劝告民众清洁卫生，并爱国，甚有效果。前有俗语云一生洗三次，生时一次，结婚时一次，死时一次，现虽衣服亦常洗。余又问农民等生活如何，答比较学生等尤好。两年前到处见穿破衣者，近来甚少见。前物产廉宜，鸡蛋每粒不上一分，鸡每只一角左右，故乏资可买衣服。现鸡蛋每粒三分，鸡每只四角余，生活比前较好。至公务员如贪污五十元者革职，五百元者枪毙。县长则为民选，公务员等每日工作七小时，加二小时学党义，每星期上大课一次，如人多则在露天，席地坐者千人或数千人，听名人演讲。至于长衣马褂、旗袍高跟鞋，及唇红口丹、茶楼酒馆、女子缠足，绝迹不见。又据言无失业、无盗贼、无乞丐。余查询究竟是否事实？彼等言其原因为凡有此等人，概迫往垦荒，虽多均可消纳云云。余以上所言，系所闻与所见，据实而言。现下为抗战救亡危险时际，希望全国民族一致对外。余到西北，亲见阎锡山卫立煌诸战区司令长官，问他等与共产党军队最接近区域，能否发生冲突不幸事。据阎、卫二位将军言绝对不致。余未到西北之前，心中无限忧虑，及到延安闻朱德、胡宗南及阎、卫诸将军言，已宽慰开怀多多矣。"

第二七五则 国共可免破裂

"国共两党磨擦事，余在洋略有闻知，然未悉其真否。故将回国之时，便有意亲到延安探访，方明原委。及到重庆始知恶感严重，甚形危险。数月前经白崇禧将军，及参政会出为调解，虽未了结，已较宽松多多。余未至延安之前，传闻共产党甚恶，如无民族思想、无信无义、叛国贪财、奸淫妄杀、抢劫欺诈、绝灭人道，甚于贪狼野兽，非先扑灭不可。及至往西北各处回来，已明大概，诚百闻不如一见。其最大原因为共产党在诸沦陷区乡村积极扩充军队，印发纸币，县长由民众自选逐去中央前县长。西安事变时，许他军队限定三师团，现已增加十倍，据言不如此不足以抗敌，亦不足以自卫，且多在沦陷区组游击队，为中央不能办到者。其军队所住区域，与中央军接近，当以阎锡山、卫立煌、胡宗南诸将军为最，而三将军均与朱德将军感情良好，绝无意见冲突，皆系同仇敌忾。此为余亲闻于诸将军者。在战区既如上述，唯中央有部分拟攻击共产党军队者。余料现下将官多明大义，甘愿死敌，决不愿自相杀戮。内战危险，料必不致。况调解已有条绪，蒋委员长前日特备飞机，为周恩来君乘往延安，闻已回来。以此言之，国共虽有磨擦，可免危险破裂也。"

第三七九则 华侨外汇与抗战之关系

十一月十二日早，赴各界大会，是日有三个会联合为一，则孙总理生辰，及物产展览会开幕，并欢迎余者。故各界人士到者甚众，均立在露天，而讲台上仅陈主席及余等十余人。主席致词毕，请余演说，余言要讲三项题目，（一）报告代表南侨回国，慰劳考察，及南侨对抗战之工作；（二）海外华侨外汇金钱，与抗战之密切关系；（三）南洋资本家回国投资问题。以上三项，其第一第三均详前，兹免复述。唯第二项比前较详，故记之于下："世界无论何国，战争最需要二件事，即人力与金钱，二者缺

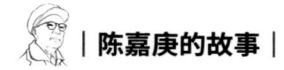

一不能战争。至所需巨量金钱，大都由政府出公债票，向国民征借为第一紧要。其次如有友邦可借则更好。我国自抗战以来三年余，苏俄借我美金二万万元，系军火；美国借我四千五百万美元，系货物；英国借我五百万金镑，系维持币制基金。若论现金，则未尝向任何友邦借来一文钱。非我国免需用不求借，第无处可借耳。自七七抗战后，政府发公债票向国民征借，第一次发救国公债券五万万元，分派本省须认购八百万元，然本省经过多月，出九牛二虎之力，甚至捕人封屋，结果成绩仅有四百万元。中央政府自抗战第二年，迄今再发公债券五六次，每次五万万元，计已三十多万万元，未尝再派本省若干债券。设或再派第二次第三次，本省民众能否应付？此毋庸赘述。然本省如是，他省亦都如是，皆无财力可购公债券。若然则三年来，政府所发出三十余万万元之债券借款，究向何处取借？盖无非向政府所办之银行，如中国中央交通等支借。然诸银行安有此巨款可借政府？则系海外华侨汇来之现金，如去年（民廿八年）一年间，南洋华侨寄家信及义捐，汇来七万万余元，美洲等华侨三万万余元，合计国币达十一万万元。其中一万万元义捐。按世界银行公例，如有基本金一元，便可发出纸币四元，如此便算稳健。华侨外汇概是现金，政府银行将此十一万万元现金，作为纸币基金，即可发出四十四万万元纸币。除十万万元为华侨寄家费之款，尚余三十四万万元纸币，故银行每年可借政府，买债券数十万万元。据何部长言，去年战费支出国币一十八万万元，尚有十余万万元可作政费。以此而言，我国抗战所需金钱，实与海外华侨有密切关系，岂虚语哉？"

| 附 录 |

第四三零则 出国首次报告抗战必胜

五日在仰光赴各界欢迎会，主席致词毕，余上台言："余此次代表南侨回国，历十五省，参加演说会者百余次，而时间在重庆及福建最久，占去三分之一。我国近来交通已大有进步，经过路程路面多已铺石子，未铺者如兰州往青海，西安往延安诸路。唯未有乌油路耳。前在贵处，开会时，余不敢预告将到诸省，恐未能达到，而拟往之意早有主张，除非万不得已外，当然要亲闻亲见，俾回洋时对侨众报告，不致有失实错误。此为余职责，故不能采一方宣传，或据报纸刊载，便可尽余之任务也。余至重庆时，闻政府预备八万元，作招待慰劳团费用，若不力辞，社会民众亦必仿效，他日慰劳团至各省亦必如是。在此抗战辛苦时际应当节省诸费。但恐口辞无效，乃登报辞谢，言慰劳团回国，各费已自备，不欲花政府及社会之款，并遵守新生活实行节约，希国内诸同胞原谅。越早冯副委员长来见，云阅报甚表同情。余寓所尚有空屋数间，乃向政府假为慰团寓所。计全体慰团到重庆者五十人，有五人或病或因家事回去。五月一日分三团出发，每团十五人，在重庆廿天，共费去国币六千一百余元。政府只供给两辆客车油资而已。社会则联合作一次大会，亦未有开销何费用。余曾访何应钦部长言：'慰劳团应否以金钱赠军队？如需要余当向财政部磋商。因南侨所有义捐，概汇交行政院也。'何君答必须赠多少，以资勉励为妙。现前线二百八十师，计有二百八十万人，每人按一元，须二百八十万元，伤兵每人两元，约四十万元，合计三百廿万元。后方军兵及游击队则免。余乃呈函孔院长，告以此事。孔院长立即复准，备交何部长分发矣。我国抗战之初军队实数不过一百五十万人。现时在前线已近三百万人，后方训练备补充者有九十万人，游击队八十万人，又中共军二十余万人，合五百余万人。至于军械除大炮外，其他均能自制，钢铁铜诸原料，生产亦甚进步，足可供用。机关枪前每师分配不及二成，现下已配有七八成，再加数月便可配足。步枪以前种类甚复杂，近已淘汰一律用新式，故言军械已比前远胜。至于后方壮丁训练，到处皆有，千百成群，每早四点余钟即闻路上口声步声常被震醒。余每次耳闻目见，莫不欣慰无已。他如各处治安亦好，无盗贼之纷扰，民气旺盛，都能同仇敌忾，知非辛苦抗战，则无救亡可能，进步之速可以想见。至于重要之粮食，我国原以农立国，如雨水调顺，定可充裕。加以物价日好，农民更加勤劳，荒地新垦日广，冬季复加种杂粮，更免患不足。虽如广东最缺粮之省，而据建设厅长告余，经积极垦荒，再加半年足可自给。由政府公务员以身作则，每人须开垦一亩以领导之。

"综观以上情形可见国内甚有进步。古语云，自助者天助。故能愈战愈强，确可自慰。现下各战区，我军均居在崎岖有利地位，敌虽有机械化部队，难于施用。而我众彼寡，我虽未能反攻，而彼亦不能再进，因其后方补给线愈长愈形不利，每被我游击队截夺或消灭之，实令彼防不胜防也。我各省区域，失陷虽多，而敌可到之处，不过交通线及城市而已。如北平沦陷最早，现下敌人如要出城十里外，须有相当军队保护，否则屡为我游击队消灭，此为近间厦大新聘某教师，从北平来为余言之。至于敌士气亦远不如前，各处多衰退。傅作义将军自绥远将往重庆，在兰州与余相会，深赞华侨回国慰劳助力，云各处军官，可借此以鼓励兵士及民众。余问敌士气如何？答初开战经年间，在战场敌伤兵虽逃走不脱亦不愿降，或奋斗至死，或自杀。后来则大不同，虽非伤兵，如被我军包围，彼即弃枪举手投降，或跪地哀求赐命。又初战时队长下令开枪，敌军则作有秩序开放，一响一响相续而来，既较准确，且省炮弹。而我军则不然，一闻下令，则枪声齐发，如燃爆竹，战术实不及他。自近年来则相反，我之军队开枪，较有秩序，而敌则不然，盖其新补充之兵不如前，于此足见其士气战术均形衰退。阎锡山将军亦言，前敌人每师兵约二万人。完全为日本青年，自称为皇军，气概激昂。迨近年来所有补充则复杂不一，有日本人、朝鲜人、（中国）台湾人，及伪军等，气势退化，不似前之猛烈矣。西南方面张发奎将军言，敌士气已衰退，近来时有厌战士兵，或三五人，或十人八人，相率来降。由上举南北各战区，司令长官之经验可证明敌已气衰退化，而我军民气势，日加强盛，对抗战都抱乐观，最后胜利决定属我。然须再经若干久，则无人敢武断。但长期战争最关紧要者在人力与金钱。人力我国既绰有余裕，而金钱则多靠海外华侨。余曾会见宋子文君，问抗战后，有无向外国借来多少现金？渠答一文钱都未有，初战时英国借我五百万金镑，系维持纸币基金之信用。后来苏俄借我虽多，概是军火。美国借我几千万元，乃是货物交换，均非现金。我国抗战后，第一次发出救国公债五万万元，而各省及华侨承购不及半数。再后至今三年，政府已再发出五六次，每次五万万元，合计三十余万万元，约每年发出公债券十万万元，均未再向各省及华侨摊派。若然则向何处借得如许巨款，此无非概向我政府所办诸银行借出。然政府银行安有此多款，盖即是海外华侨外汇之金钱，如去年南洋及美洲等，寄家信及义捐，共汇国币十一万万元。照世界银行公例，如有现金一元，便可发出纸币四元，如十一万万元之现金，存在政府各银行，则可发出四十四万万元之纸币，以十万万元付华侨家着，尚可存三十四万万元之多。除将十万万元借政府外，尚可取半

| 陈嘉庚的故事 |

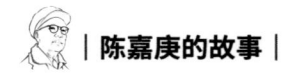

数向外国买军火及原料，如前向德国捷克及其他诸国购买俱是以华侨汇款现金支付。至客年汇归之十一万万元，南洋占三分之二，美洲及他处占一份。义捐约十分之一，余系寄家信者。抗战金钱既须倚赖华侨，而华侨负此重要任务，应人人更加努力，多寄家用及义捐，尤希各侨领尽力鼓励。况汇水廉宜，亦是极好机会，既可救国，又可充裕家费，诚一举而两得。将来最后胜利达到时历史记载，华侨实与有荣焉。"

参考文献

1. 陈嘉庚，《南侨回忆录》，中国华侨出版社，2014。

2. 夏蒙，《第一公民陈嘉庚传》，中国友谊出版社，2013。

3. 陈嘉庚，《陈嘉庚言论集》，新加坡怡和轩俱乐部、新加坡陈嘉庚基金、中国厦门集美陈嘉庚研究会，2004。

4. 任静波，《百年树人》，厦门大学出版社，2013。

5. 林斯丰，《陈嘉庚精神读本》，厦门大学出版社，2007。

6. 《集美校友》（1980-2017）。

7. 王大伟，《陈嘉庚：100位为新中国成立作出突出贡就的英雄模范人物》，吉林文史，2011。

8. 林飓，《担时代责任尽国民天职》，集美大学报，2014。

9. 《回忆陈嘉庚》，中共中央党校出版社，1994。

10. 任镜波，《嘉庚风浩荡》，中央社会主义学院学报，1995。

11. 陈经华，《嘉庚弟子·国民天职》，福建人民出版社，2011。

12. 杨进发，《华侨传奇人物陈嘉庚》，陈嘉庚纪念馆，2013。

13. 部分资料来源网站：中国侨网；福建侨网；福建日报网；厦门日报网；陈嘉庚纪念馆网；厦门大学、集美大学、集美学村各校门户网等。